SYSTEMATIC COMMUNICATION OF NEW INTERNATIONAL BUSINESS

体系的な新国際ビジネスの コミュニケーション

― 電子化を背景とした新貿易立国 ―

岡本祥子／亀山修一【著】

東京 白桃書房 神田

はじめに

「新貿易立国を目指す」と日本を代表する商社グループが，その表明をしてから数年がたつ。その間にも新貿易立国の内容が，グローバリゼーションに取り込まれた日本経済の変化とともに，微妙に動いていることがわかる。

激動する世界経済のなかで，少子高齢化に直面する日本が中長期的な成長力を高めるためには，グローバル市場の成長を十分に取り込み，その利益を国民が幅広く享受する環境を整えることが大事である。

企業のグローバル化は，外国技術の流入を促して生産性を拡大することにあるとされている。グローバル化に伴って，企業部門によっては空洞化が起こる。本社機能も研究部門機能も全て海外に移す海外進出から始まり，間接投資，直接投資そして，イノベーションへと変化してきている。

また，日本は人材が豊富であるといわれている。国を挙げて，グローバリゼーション時代の人材育成のポイントは，「語学力」と「IT力」であると言い続け，最近では，「環境に伴った考える力」であると，これも少し変化してきている。

次に，日本企業の潜在力に注目してみると，生産性が高いにもかかわらずグローバル化をしていない企業が多数ある。特に，中小企業にはこの傾向が見られる。これらの企業は，海外進出の初期コスト，マーケティング，製品の改変などのコストに加え，海外市場の情報が入り難いなどのリスクがあるため，海外進出を避ける傾向があった。ところが，「親会社と下請けの関係」の変化や「部品の共通化等」の変化で，いわば，従来のような，日本国内だけでうまく回っていく需給関係では成り立っていけない中小企業が増えてくるという。状況が変化せざるを得ないこの状態が2000年代前半の特徴の一つでもある。

グローバル戦略でいわれるグローバリゼーションとは，企業がいかに国際競争力をつけるかということである。真のグローバリゼーションとは，グローバル・マーケットでいかに企業がその存在価値を認められるかということである。国際競争力とは一つの手段であって目的ではない。真の目標とは，

グローバル化の競争competitionではなく協生collaborationである。そのためにグローバル・マーケットの相互依存関係を深めると共に，SCM（Supply Chain Management）（開発・生産・流通・販売）などのネットワーク化を推進することも大事である。

ネットワーク化に絡んだ大きな流れは，税関と銀行に見られる。税関は，税関中心に，輸入者，輸出者，船会社，通関業者などの貿易当事者及び関連企業の電子化が急速に進んでいるし，銀行は貿易の川上から川下までの様々な分野で，ファイナンスにとどまらず，幅広いTrade Solutionを企業に提供することが求められているなかで，TSU・BPOが活躍する。

例えば，SWIFTのTSU・BPOは世界のグローバルスタンダードになりうるもので，銀行間のメッセージ電子化から入ったものであるため，浸透力は十分にある。しかも，TSUを活用することで，銀行は企業のSCMや税関を中心とした船会社，通関業者の電子化ネットワークと同じ土俵に上がれるようになった。銀行はTSU・BPOを活用し，伝統的なL/C決済と送金決済に加えて，第3の貿易決済としてのTSU決済を創出し，ファイナンスや各種貿易サービスの強化につなげていき，関連企業の牽引役になっていくことも大事である。

そして，今後銀行間の貿易データの電子化であるTSU・BPOとアジアの荷主と税関の間の貿易データの融合が図られることが，真のSCMの発展のために必要であるし，また，このことが新貿易立国の基盤ともなっていくであろう。

今や，投資をはじめとするインフラ整備への関与支援，イノベーションも含んでの新貿易立国として出発している日本は，ITを駆使し，アジア諸国との経済統合や金融連携など，目まぐるしい経済の活性化の中にある。

これからの日本にとって，協生のためにグローバルビジネス環境を整え，全地球規模でWTO（World Trade Organization：世界貿易機構）の組織を補うためにも，ますます重要となる国との，EPA/FTA（Economic Partnership Agreement：経済連携協定 / Free Trade Agreement：自由貿易協定）が推進され，特にTPP（Trans-Pacific Strategic Economic Partnership Agreement：環太平洋戦略的経済連携協定）の在り方がますます重要性を帯びてくるの

である。

　このように経済も企業も人も変化していく中で，まず，我々は知識として，何から勉強していったら良いのか迷ってしまう。新しいものばかり追い求めても，変化はまた変化を生む。これからの企業人材は，日本の中で働く人ばかりではないわけで，語学力はもちろんであるが，やはり，従来の海外取引の基礎を十分に理解していて，相手先が先進諸国であろうが，発展途上国であろうが，TPOに合わせ，考え，応用が利く人材が必要となるのである。

　このことを受けて，本書では，第一に，商品貿易取引の基本を，大学の授業回数に合わせて，例題1から例題15までのビジネス英文を読みながら"海外取引の開始"から"クレーム"に至るまで，体系的に，学べるようになっている。そしてその一連の学びの中で，知っておかなければならない専門知識について説明を加えてある。また，日本でこれからますます必要となってくるであろう貿易投資の要となる基本文も関連させて勉強できる。第二に，このような取引当事者が，企業内で必要となるビジネス英文を，海外取引と関連させながら読んでいけるようになっている。それぞれのビジネス英文には，専門用語の説明や訳が書かれているので，勉強しやすいと思う。第三として，実際の海外取引を始める前の知識として，把握しておく必要のある国際マーケティングの考え方を，簡単にわかりやすい事例を加えて解説している。

　この本は，各大学などで行われている「ビジネス英語」「国際ビジネス・コミュニケーション」「貿易商務論」などの授業にも，日本商工会議所で行っている「ビジネス英語検定」の受験生にとってもわかりやすいように「貿易取引の流れ」の把握と「そこに使われるビジネス英語」と「その説明」をかみ合わせている。うまく自分の用途に合わせて利用してほしい。

　最後に，この本の完成のためにご尽力いただいた日商検定推進アドバイザー（ビジネス英語）の小杉洋子先生と出版社の大矢栄一郎社長の温かいご支援に，深く感謝するものである。

2015年3月

　　　　　　　　　　　　　　　　　　　　　　　　　　　　　　著者

目次

はじめに …… i

第1章
海外取引を始めるにあたって

1-1 ●国際マーケティング的アプローチ …………………………… 1
1-1-1 海外マーケティング革命 ……1
1-1-2 海外調査をどのように考えるか …… 4

1-2 ●信用調査 ………………………………………………………… 9
1-2-1 信用調査依頼 …… 9
1-2-2 信用調査の回答 …… 11

第2章
取引先企業

2-1 ●取引先企業の紹介 ……………………………………………… 15
2-2 ●企業の組織図 …………………………………………………… 19
2-3 ●経営理念, 経営ビジョン ……………………………………… 22
2-4 ●投資案件 ………………………………………………………… 24

第3章
英文契約書

3-1 ● 契約書 ……………………………………………………… 32
3-1-1 Supply Agreement ……32
3-1-2 輸出販売確認書 …… 43
3-1-3 購買確認書 …… 46
3-1-4 契約書解説 …… 49

3-2 ● 取引の成立から決済へ …………………………………… 54
3-2-1 Firm Offer ……54
3-2-2 価格条件 …… 58
3-2-3 貿易決済と輸入金融 …… 60
3-2-4 電子決済 …… 64

第4章
電子化に伴う契約履行

4-1 ● 船積みと信用状の電子化 ………………………………… 66
4-1-1 船積み …… 66
4-1-2 信用状 …… 69

4-2 ● 通関の規制緩和 …………………………………………… 76

4-3 ● 国際物流から総合物流 …………………………………… 77

第 5 章
海上保険と貿易保険

5-1 ●海上保険と航空貨物保険 ……………………………………… 81

5-2 ●貿易保険 ……………………………………………………… 84

第 6 章
クレームの処理

6-1 ●貿易クレーム ………………………………………………… 86

6-2 ●国際商事紛争 ………………………………………………… 87

第 7 章
企業内でのビジネス英語

7-1 ●社内の動き …………………………………………………… 92

7-1-1 、上での人材募集（社内,社外からの応募）……92

7-1-2 採用辞令 …… 95

7-1-3 メールによるセミナー及びレセプションへの招待 …… 97

7-1-4 メールでの面談依頼とその後のやり取り …… 102

7-1-5 転勤・定年退職者の挨拶 …… 108

7-1-6 会社設立25周年記念の休業通知 …… 115

7-2 ● 年次総会議事録 ……………………………………………… 117

7-3 ● 新中期経営計画 ……………………………………………… 121

資料その1 ● プレゼンテーション ………………………………… 122
資料その2 ● Try 解答 ……………………………………………… 128
資料その3 ● 英文契約書(第3章)大意 …………………………… 136

第1章 海外取引を始めるにあたって

1-1 ● 国際マーケティング的アプローチ

1-1-1 海外マーケティング革命

　マーケティングミックスとは，マーケティング戦略において，望ましい反応を市場から引き出すために，ツールを組み合わせることである。これには，今日マーケティングの4P理論―マーケティングミックス（1960年エドモンド・ジェローム・マッカーシーが提唱）とロバート・ロータボーン提唱（1993年）の4C理論がある。

　マーケティングとは，交換過程を経て必要や欲求を充足するための人間の行為をいう。この交換過程に参加するのは，主に，生産者と消費者であるが，そのほかにも，直接生産行為に携わらなくても，流通や販売行為をもって，この交換過程に参加するものもいる。

①**製品・生産物（Product）**

　財やサービスなど，あらゆる形の価値あるものを指す。価値があるとは，交換を行うものにとって有用・有益であることをいう。

　製品をフルライン供給するか，どの消費者層に向けて訴求するかについて決定する。

②**価格（Price）**

　価値の量は，交換過程に参加する人たち全てにわかるような，また，全てが了承するような形で表示が行われなければならない。

価格設定をする際は，消費者の購買意欲を喚起させるよう常に安価にしなければならない。

③流通（Physical Distribution）

価値は，作り出した側から使用する側へ移送されなければならない。この移送のプロセスを流通とよぶ。

どのような販売チャネルに乗せて，商品を消費者に届けるかを決定する。

④販売促進（Promotion）

この移送プロセスをスムーズに行ったり，移送される付加価値を図ったりする行為全てを含めて，販売促進という。

この交換過程を成立させる4つの基本的な要件を，マーケティングミックスという。これがマーケティングの活動の基本を成す。

また，1970年代後半にコンシューマリズムが台頭，その視点からみられる4Pは，

①Product（製品）：製品，サービス，品質，デザイン，ブランドなど
②Price（価格）：価格，割引，支払条件，信用取引など
③Place（流通）：チャネル，輸送，流通範囲，立地，品揃え，在庫など
④Promotion（プロモーション）：広告宣伝，ダイレクトマーケティング等
である。

海外マーケティング革命といわれる1995年に，ロバート・ロータボーンが提唱した買手側の視点から「4C」という分類がなされた。

1970年代の4Pと対応させて，

①Product（製品）をConsumer, Customer Solution　消費者のニーズやウォンツあるいは顧客ソリューション
②Price（価格）をCustomer Cost　顧客コスト
③Place（流通）をConvenience　利便性
④Promotion（プロモーション）をCommunication　コミュニケーション
とした。

従来，各企業は貿易マーケティングによって，進出する市場の分析を行った。輸出マーケティングと輸入マーケティングである。しかし，そのマーケティングの内容は，一つの企業が一つの相手先企業と貿易取引を行うという，

平面的なものであった。直接投資による企業国際化の進展，活発な国際間の企業提携など貿易取引を取巻く世界の環境が大きく変化し，それに加えてコンピュータ導入によるネットワーク化，経済のボーダレス化などによりグローバル化されたビジネスを扱う各企業は，生き残りをかけて大々的に立体的な国際マーケティング的活動を展開せざるを得なくなった。

　取引先をまず決めなければならない貿易取引の場合も，地域を総括的にみて決定しなければならない。風土，慣習，政治・経済の諸制度，文化，伝統，そして価値判断も，全てが異質な海外市場との取引である。したがって，海外市場の選定にあたっては，できる限り客観的な資料に基づく比較検討が必要となる。

　この場合役立つのが，各年の通商白書各論にある商品別国別通関実績であり，世界的な視野からの検討には国連の貿易統計表などである。これらの包括的な統計資料に基づいて各国を比較検討し，それぞれの市場の生産・消費・投資，経済発展計画，貿易為替管理制度，金融・銀行制度などの実態を検討しなくてはならないが，それにはジェトロ[1]で発行している国別市場シリーズ等がある。こうした資料による検討は，海外市場を考える場合に，客観的な状況を教示してくれる点で重要である。しかし，飛躍的な貿易取引を目指すのであれば，様々な視点から市場を分析し，潜在需要がありながら供給が行われていない未開拓の地域を発見し，それを育成・拡大させる方向が必要である。

　海外市場のリサーチにおいては，市場マーケティングとして以下の3つがある。

① 輸入マーケティング：海外からの輸入品を国内市場でどのように販売するかというマーケティングである。従って，国内市場などの情報収集及び調査が中心となる。

② 輸出マーケティング：国内の輸出品を海外市場でどのように販売するかというマーケティングである。そのため，相手国の市場の情報を収集・調査することから始めるが，その際は言語を初めその国の政治，経済，法律，文

1　ジェトロ：JETRO Japan External Trade Organization 日本貿易振興会：昭和33年全額政府出資の特殊法人として設立。現在，特別財団法人となる。その目的は，世界各国市場の調査，海外産品の展示，見本市への参加など貿易振興を図ることにある。

化，習慣，地理的条件，社会性などの違いを考慮しなければならない。
③ 国際マーケティング：国境を越えた複数の国あるいは市場を対象とした，製品・資本の輸出を含めた海外投資におけるマーケティングである。

1-1-2 海外調査をどのように考えるか

　国際マーケティングは以下のような項目について調査する。以下の調査に加えて，フィージビリティ・スタディ（feasibility study：実行可能性調査で，採算が取れるか，また企業化が可能かどうか）の調査することが大切である。
【調査の事例】
①市場調査（market research）：将来にわたって確実，有利な貿易取引を進めるために，あらかじめ市場に関する情報を入手すること。
②マーケティング調査（marketing research）：相手国のマーケティング状況に必要なデータや調査結果を組織的に計画，収集，分析，報告すること。
③市場機会（market opportunities）：市場機会は，品質や価格といった商品自体がもつ市場性と相手国の市場条件との双方の適応関係によって決まる。それらを調査・検討して市場機会の大きさを測定すること。
④市場特性（market character）：市場特性には，自然条件や社会・文化的条件，政治・経済的条件などの条件が影響するため，それらを調査・検討して市場特性を探ること。

　次に，調査項目を抑えながら，ロシアとの茶の取引が適切かどうかを見てみよう。

1）気候・地理・文化などを調査[2]

　ロシアの気候は，北部のツンドラ気候から冷帯湿潤気候，冷帯夏雨気候，ステップ気候，温暖湿潤気候でとにかく寒い地域である。

　面積は約1,707万平方キロメートルで，日本の45倍，アメリカの2倍近くである。人口は約1億4,000万人（2012年），首都はモスクワ，公用語はロシア語，宗教はロシア正教，イスラム教，仏教，ユダヤ教等である。

---

[2] 地理・文化の調査手段：The World 2009 世界各国経済情報ファイル，国際連合貿易統計年鑑（国連統計局），日本統計年鑑2004，統計月報（月刊）。

天然資源を含む地理的諸条件に違いがある各国市場は，同時に文化的伝統も，経済発展の段階も，生活水準も，またそれぞれの国家利益も社会的要求も異なっている。よって，国際ビジネスでは，海外市場の潜在的需要についての量的・質的調査が必要である。世界の地域を，熱帯雨林気候，サバンナ気候，ステップ気候，砂漠気候，地中海性気候，温暖冬季少雨気候，温暖湿潤気候，西岸海洋性気候，亜寒帯湿潤機構，亜寒帯冬季少雨気候，ツンドラ気候，氷雪気候，山岳気候などに分け，気温と降水量などを個別に調査し，隣接する諸国をグループ化しまとめていく。

2）政治・法制度・当該地の規制などの調査[3]

　政体は共和制，連邦制である。主なる指導者はウラジミール・ウラジーミロヴィチ・プーチンである。2000〜2008年はプーチン政権，2008〜2012年はメドヴェージェフ政権，2012年〜はプーチン政権である。また，国防戦略として，①「2020年までのロシア連邦国家安全保障戦略」（2009年），②「軍事ドクトリン」（2012年），③「ロシア連邦軍，その他の軍，軍部隊組織及び期間の構築及び発展並びに防衛産業複合体の近代化の計画実現に関する大統領令」（2012年）がある。

　取引対象商品の拡大化，即ち，伝統的な商品，ハイテク・ソフトウェア製品，金融商品，技術・知的財産権など，また，契約内容の多様化，即ち，売買契約，リース契約，ライセンシング契約，建設工事契約，合弁契約，企業提携契約，生産契約など，最近の国際取引の拡大化と多様化には目覚しいものがある。

　このような発展に伴って，文化，慣習などが異なるために生じる誤解やトラブルには，国際取引特有なものがある。しかし，それを規制するのは，それぞれの国の国内法で，真の国際法がないのが現状である。

3　政治・法制度・当該地の規制などの調査項目例：（Incoterms；International Rules for the Interpretation of Trade Terms,）（Uniform Customs and Practice for Documentary credits).etc．法制度は以下のようなものがある。①国連機関による取引法秩序の確立，②ウィーン条約，③国際物品運送，④ICC（International Chamber of Commerce）による取引秩序の確立等。

3) 経済・金融・為替などの調査[4]

ロシアはサウジアラビア，米国に次ぐ世界第3位の原油生産国，また，サウジアラビアに次ぐ世界第2位の原油輸出国である。また，EUにとっても中国，米国に次ぐ第3位の貿易相手国である。主要産業は工業，特に石油，天然ガス，石炭，鉄鉱石，金，ダイヤモンドなど。手工業，機械工業，化学工業，繊維工業。2013年のGDPは2,097兆米ドル。

経済成長率は，2000年に10%のピークを迎え，その後は4.7%〜7.3%を示している。

市場規模については，①その国のGDP，②経済成長率，③所得水準，④生活水準，⑤国際収支，⑥貿易規模，⑦為替，⑧金融事情，⑨為替制度を詳しく調べる必要がある。

海外取引で発生するリスクの種類には，①貿易取引に伴い発生するリスク，②取引相手が契約を履行しないために生ずる信用リスク，③為替相場の変動に伴い発生する損失である為替リスク，④金利変動に伴い発生する金利リスク，⑤資金繰りに支障をきたす流動性リスク，⑥資金の受渡しに伴う受渡リスク等がある。

4) 流通・通信などのインフラ調査[5]

流通活動は，生産した商品を消費者まで届ける活動であり，流通の4大機能は①売買，②輸送，③保管，④情報伝達である。輸送手段に関しては，その国の鉄道，空港，道路，倉庫などをよく把握することである。特に，情報・通信などのインフラ構築調査，例えばEDI，インターネット等は大事な項目である。

---

[4] 経済・金融調査・為替などの調査：Statistical Abstract of the United States，日本銀行金融経済統計，外貨準備高財務省統計資料。

[5] 流通・通信などのインフラ調査手段：①国土交通省，②総務省，③電子商取引実証推進協議会。

5）商品市場と消費者の調査[6]

　商品市場と消費者における一般的な調査活動としては，市場特性の測定，潜在市場性の測定，マーケットシェア分析，販売分析，産業動向調査，競合製品調査，新製品の需要予測，短期・長期予測，価格調査などがあげられる。特に，新規の商品輸出をしようと試みる企業や，海外投資をしようとする企業にとっての市場調査では，市場特性の測定，消費者行動，流通調査などが中心となる。調査目的として，マーケティングは，消費者ニーズあるいは消費者ウォンツを指向したものである。例えば輸出の場合なら，自社製品を海外のどのような消費者を対象に販売するかが重要な問題となる。また，輸出先での市場機会は，品質や価格といった商品自体が持つ市場性と，マーケティング環境である市場条件との双方の適応関係によって決まる。そのため，市場細分化によって，社会組織，言語，所得，教育程度，宗教，習慣，美感，タブー事項などの観点からも分類することができる。また，商品市場におけるマーケティング哲学（Marketing Concept）も，大きな意味で経済発展の規制を受ける。そのため，相手市場がどのような経済発展を遂げているのか，またそのコンセプトがどの段階にあるかについても，調査項目の一つとして基本から確認する必要がある。

　次ページの『世界各国のお茶－消費・生産・輸入・輸出量の図』を見てみよう。ここで，お茶というのは，緑茶（不発酵茶），紅茶（発酵茶），半発酵茶（ウーロン茶など）に限られ，茶葉以外の植物を煎じるマテ茶などは含まない。

　世界の茶の生産量は，1年間で約300万トン（2002年）である。1980年には190万トン程度，1990年には250万トン程度だったので，10年ごとに，60万トン，50万トンと生産・消費量が増加してきている。

　国別の茶の消費量（食用供給量）（2002年）を見てみると，世界で最も消費量が多い国はインドで，1年間に約68万トンを消費している。ついで中国，3位としてのロシア，トルコ，日本，英国の順で日本の消費量は約14万トンである。

　生産量を国別に見ると，インド，中国が2大生産国である。この2国に続

6　商品市場と消費者の調査手段：消費者物価指数，新聞の景気ウォッチ。

世界のお茶－消費・生産・輸入・輸出（2002年）

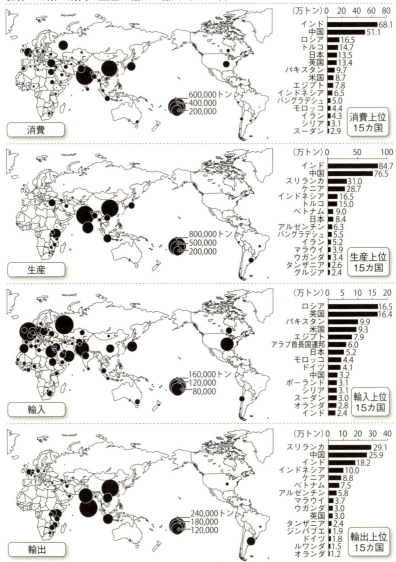

注：お茶はマテ茶等，あるいは食用緑茶は含まない。消費は，国内食用供給量。なお，引用した資料は，茶市場を理解するために静態的にとらえやすい年度を使用。
出所：FAOSTAT SUA（Supply Utilisation Accounts），24 August 2006。

いて，スリランカ，ケニア，インドネシア，トルコ，ベトナム，日本などが主要生産国である。ケニア，ウガンダ，タンザニアなどアフリカ東南部にも産地が形成されている。

輸入国としては，ロシアが世界一であり，英国，パキスタン，米国，エジプト，アラブ首長国連邦，そして日本と続いている。日本は，主要生産国の一つであるが，日本を除くとこれらの国は，もっぱら輸入に依存しているお茶の消費国である点に特徴がある。

つぎに，輸出国であるが，スリランカが29万トンと世界一であり，中国，インド，インドネシア，ケニアがこれに続いている。英国は非生産国であるが，輸入した茶葉を再輸出している。

(2006年8月30日収録)

参照URL：http://www2.ttcn.ne.jp/honkawa/0474.html

　現在，先進諸国が大変必要としている鉱物資源の潜在率が高いロシアに何を供給していったら良いのかと考えてみる。

　モスクワなどの大都市では，しゃれた喫茶店やレストランが多数開店し，それらのメニューに日本茶が加えられることも少なくない。また，寿司バーなどの日本食レストランが増加しているという。健康志向の高まりや，日本文化への理解度が今後さらに進めば，緑茶への更なる関心が高まる可能性が期待できる。また，味の好みや緑茶消費の理由などの詳細な調査が進めば，ロシアにおける緑茶市場の開拓・発展につながる可能性があるといえる。

1-2●信用調査

1-2-1 信用調査依頼

　潜在的に有望な市場を見つけても，取引先の信用状態（Credit Standing）のよしあしによっては，取引自体が天と地ほどに違ってしまう。国際間の取引では，国内取引に比べて，取引相手の信用状態について把握するのは難しい。

貿易保険や信用状・e-信用状等を用いることで，契約上の損害賠償請求や紛争を未然に防ぐこともできるが，その前に，取引相手先の市場の状況を把握し，信頼できる相手を見つけることが，貿易取引の正常化を推し進め，余計な支出をいらなくする有効的な手段である。

　信用調査は，一般的に取引銀行に相手先の信用状態調査を依頼〔銀行信用照会先 Bank Reference〕するか，関連業者に照会依頼〔同業者信用照会先 Trade Reference〕をするのが普通である。この場合，特に調査しておくべき内容については，従来4Csということが言われてきた。

① Character：契約履行がきちんと成されているか，営業計画が堅実か，経営陣の能力，性格はどのようなものか
② Capital：資本金，担保，財政基盤など
③ Capacity：営業品目，営業状態，営業年数，取引関係先などを中心とした取引能力
④ Conditions：相手先または相手市場をとりまく客観的な経済・政治・法律諸条件

　信用調査は，ネットワーク社会において，特に重要な要件となってきた。eコマースにおいては，インターネットでの取引相手探しも多い。しかし，申し込まれた相手先が，正常な取引をする企業であるか否かはわからない。そのため，取引銀行が入っていないコンピュータのみによる信用調査は安全面から見ても危険性が大きい。TSU[7]のような取引における構成メンバーは安全であるが，そのグループに入っていなければその便宜性を全て享受することは難しい。

7　TSU：Trade Service Utility. 世界の主要銀行間の決済ネットワーク SWIFT が主導で，外為に強い世界の銀行間で分析・議論をして開発した銀行間の貿易電子化のしくみ。p.64 参照

1-2-2 信用調査の回答

例題1 ● 信用調査依頼

▶用語説明を参考にしながら訳しなさい。

An Inquiry from P & J Foods to Ohtemachi Bank

Dear Sirs,

　Asahi Foods Co., Ltd.① has given us your name as a reference.
　Recently they proposed to enter into business relations with② us. Should③ their business standing turn out unquestionable④, we are prepared to accept their proposal. We shall, therefore, be much obliged if you will⑤ give us such information as you may have, or can secure for us, regarding their financial standing and reliability.
　We are particularly interested to know in what line⑥ they are mainly engaged and if possible, your frank opinion⑦ on their financial ability⑧, their way of behaving⑨ and their general reputation they enjoy in your community⑩.
　Any expense incurred in connection with this inquiry please charge⑪ to our account.
　Your prompt attention will be highly valued⑫, and we promise you that any information you may provide us will be treated, as usual, in strict confidence⑬.

Yours very truly,

---

①Co., Ltd.（Company Limited）Co., Inc.（Company Incorporated）：株式会社
②to enter into business relations with〜：〜と取引関係をもつ
　＝to open an account with〜＝to have business relations with〜
③Should：万が一〜ならば（仮定法）
④turn out unquestionable：問題とする必要がないほど優れていることがわかる
⑤be much obliged if you will〜：もし〜ならば嬉しい
⑥in what line：どのような種類の商売に　line：商品，職業，商売，航路

⑦your frank opinion：貴行としての率直な意見　　frank=candid=honest
⑧financial ability：支払い能力 =financial responsibility=solvency
⑨way of behaving：仕事ぶり，営業ぶり =mode of doing business
⑩community：場所及び同業者間
⑪charge：負担させる，費用，諸掛（複）
⑫to be highly valued：高く評価される =to be much appreciated
⑬to be treated in strict confidence：極秘に取り扱う =to be held in strict confidence=to be treated with the strict discretion

---

例題1：大意

　アサヒ食品株式会社より貴行名を照会先としてお聞きしました。最近同社から弊社との取引を開始したいとの申し出がありました。同社の営業状態に問題がなければ，この申し出を受けたいと思います。同社の財務面の評価及び信頼性に関しまして，すでにお持ちの情報あるいはこれから入手可能な情報等をご教示願えれば大変有り難く存じます。特に同社が主にどの様な種類の商売に従事しているのか，そしてもし可能でしたら同社の支払い能力，仕事ぶり，同社が貴社の地域，同業者間で享受した一般的な評判を知ることに特に興味を持っています。この問い合わせに関したどの費用も，当社の勘定に振り替えてください。貴社の迅速なご配慮は高く評価されるでしょう，そして，貴社が当社に供給してくれるいかなる情報も極秘に取り扱われるということをお約束します。

例題2●信用調査の回答例

▶用語説明を参考にしながら訳しなさい。

Reply from Ohtemachi Bank to P & J Foods

　We are pleased to report on Asahi Foods Co., Ltd. referred to in your mail of 20th May as follows①:

　This firm was established in 1960 as General Importers and Exporters, with an authorized capital② of ¥100,000,000 fully paid-up③. The net worth④ at the end of last year⑤ exceeded ¥150,000,000, about half of which is readily realizable⁶. Their chief lines⁷ are parts of Air Craft. Their business policy⁸ has been very active, and has many connections both at home and abroad⁹.

They have maintained a current account⁽¹⁰⁾ with us for more than twenty years, always to our satisfaction⁽¹¹⁾ and their latest financial statements⁽¹²⁾ show a healthy condition⁽¹³⁾.

We are of the opinion that they are rated A1⁽¹⁴⁾ and you would not run the least risk⁽¹⁵⁾ in opening a connection with the firm.

For this information, we do not like to accept⁽¹⁶⁾ any responsibility, but we shall be pleased to be further serviceable to you⁽¹⁷⁾ if you require more details.

The attached note⁽¹⁸⁾ shows the charges which we have paid on your behalf⁽¹⁹⁾, for which we ask you to settle soon.

Att. Debit Note

① as follows：下記のごとく
② authorized capital：授権資本金：1/4の支払いが原則。
③ fully paid-up：全額払み済み：paid-up capital 払込資本金
④ net worth：正味資産＝net assets, net liabilities：純負債，net earnings (loss, profit)：純収益（損，利益）
⑤ at the end of last year：昨年末現在：late this month 下旬，at the middle of this month 中旬，at the beginning of this month 上旬
⑥ readily realizable：容易に現金化しうる
⑦ chief lines：主要取扱品目＝main lines
⑧ business policy：営業政策　Insurance Policy：保険証券
⑨ at home and abroad：国内外ともに　with national and International problems：国内外問題
⑩ current account：当座預金口座
⑪ to our satisfaction：当方の満足すべき状態で：手形の引落し等で，銀行側が相手の当座預金口座から引落す際に，引落しの金額がいつも入金されている状態
⑫ financial statements：財務諸表：Statement of Assets and Liabilities＝Balance Sheet（英）：貸借対照表　Statement of Profit and Loss＝Profit and Loss Account（英）：損益計算表
⑬ healthy condition：健全な状態
⑭ A1＝best＝excellent：最良の

⑮to run risk：危険をおかす　run：及ぶ，流れる，伝わる
⑯accept：他の条件を全てのんで引き受けるという意味
⑰to be further service able to you=to be of any further service to you：貴社のためにさらにお役に立ちうること
⑱attached note：添付の計算書
⑲pay on your behalf：貴社の立替
参考：Debit Note：借方票 Debited to The Happy Bank Ltd.：借方に記入
　　　Credit Note：貸方票 Credited by The Happy Bank Ltd.：貸方に記入

例題2：大意

　5月20日付メールで問い合わせの会社に対して，以下のようにご回答申し上げます。アサヒ食品株式会社は，総合輸出入商社として，1960年に全額払込み済みの授権資本1億円をもって設立された。昨年末現在における正味資産は，1億5,000万円を越え，うち半分は容易に現金化できる資産である。同社の主要取扱商品は，様々な食品原料です。同社の営業政策はきわめて積極的で，国内外に多くの取引先を持っています。同社は当行に20年以上，当座預金勘定を持ち続け，常に満足すべき状態であり，同社の財務諸表は健全な状態を示しています。

　同社は一流商社と認めることができ，したがって貴社が取引関係を結ぶにあたって，少しの危険もないと考える。本報告については，当行は責任を負いませんが，万一，より詳細の事柄を必要とする場合には，さらにお役に立ちたいと思います。添付の計算書は当行立て替えの諸掛ですが，直ちに御精算いただきたく存じます。

第2章 取引先企業

2-1 ● 取引先企業の紹介

　最終的に相手先が決定したら，相手先に取引申し込みをすることになる。申し込みを相手先に対し明確にするために，以下のような内容を段階的にいれなければならない。
①紹介先の名前と内容：取引申し込みに至った経路，取引関係を結びたいという希望を記述する。
②自社の紹介：自社の自慢できる営業内容，及び取引商品の特徴を述べ，取引関係の創設が相互にとって有益であることを知らしめる。
③自社にとって一番有利と思える取引条件を明記：一般的には決済条件である。希望取引商品について見本，価格表，カタログなどの参考資料の送付・添付または依頼について述べる。
④信用照会先：自分の信用照会先を知らせる。
　取引の申し込みに対して，相手側の承諾が得られると，次に注文を取るための引合い，売込みが始まる。この段階は，価格表と見本またはカタログの依頼または送付・添付から開始されるのが普通である。

例題3 ● 取引開始

▶用語説明を参考にしながら訳しなさい。

Asahi Co. Ltd. → P & J Foods Co. Ltd.

We have noted your name by the Chamber of Commerce of your city as one of the reliable① importers of raw materials for various food stuff. We are, therefore, writing you with a keen desire to enter into business connections② with you.

You will be interested to know that for over twenty years we have been engaged in③ shipping raw materials for foodstuff of all descriptions to all over the world enjoying a good reputation. Because of our excellent organization for conducting export business and close connections with the best sources of supply④, we may say that should you favorably consider our proposal and favor us with inquiries for your specific requirements, we are in a position to supply you with A1 goods at competitive prices⑤.

We are sending this mail with the attachment—a copy of our pamphlet in which we trust, you will find some goods that would suit your trade.

As regards the terms of business⑥, it is our custom to trade on T.T. Remittance at 30 days after B/L date⑦.

If you would care to deal with⑧ us on this basis, we shall be pleased to give you further details of business.

For any information concerning our business standing⑨, we wish to refer you to The Happy Bank Ltd. Tokyo.

We look forward to your early reply.

---

①reliable：信頼しうる，有力な：According to a certain reliable source　ある信頼すべき筋によると
②to enter into business connections with～：～と取引を開始する＝to open an account with～＝to do business with～
③to be engaged in：～に従事する　engagement（単）：約束，雇用

（複）負債＝obligation
④the best sources of supply：有力な供給筋
⑤competitive prices：競争しうる値段，compete：競争する，competition：競争，competitor：競争者
  As the competition in this line is very keen, please reduce your price by 10%. この種の商品の競争が激しいので10％値下げしてください。
⑥terms of business：取引条件：主に決済条件をいう。そのほかの諸条件はconditions of business
⑦T.T. Remittance at 30 days after B/L date：B/L date後30日払い電信送金
  信用状決済：Our usual method is to draw a draft at 60d/s under a confirmation Credit to be opened in our favor for the corresponding value of an order.
  D/A手形決済：Payment is to be made by a documentary bill on you at 60d/s on D/A terms.
  D/P手形決済：L/C terms are against our principle. Please make us 60d/s on D/P terms.
⑧deal with～：取り扱う＝handling
⑨business standing：＝credit standing＝financial standing＝standing

---

例題3：大意

　当社は様々な食品の原材料を扱う信用できる輸入業者の一つとして，貴市の商業会議所さんによって貴社の名前を記しました。それゆえ，貴社と取引関係に入ることを切望して貴社にメールしております。貴社は20年以上も好評を博しながら全世界に向けて，全ての種類の食品の原材料の船積みに従事してきたことに関心を持たれるでしょう。輸出事業を行うための優れた組織とすばらしい供給筋との密接な関係のために，万が一，当社の申し出を考慮してくださり，貴社の特別に必要な物を引き合いしてくださるならば，当社は競争価格で最良品を貴社に供給する立場にあることを申し上げることができます。当社は添付書類付のメールを送っております。その中のパンフレットの写しの中で，貴社の取引に合致した商品を見つけてくれることを信じております。取引条件に関してB/L日から30日払いのTT送金で取引することが当社の習慣です。もしこのベースで当社と取引してくださるならば，さらに詳しい情報を貴社に差し上げます。当社の信用状態に関するいかなる情報も，ハッピー銀行に問い合わせ下さい。早い返事を期待しています。

Try1 次の文を英文メールにしてみよう！

● 相互取引

　9月20日付のメールを有り難く受け取りました。
　当社のアニメーションが貴社の厳しい審査に合格したのを聞いてうれしいです。そして貴社の市場で約20%のシェアーを目的としている貴社の申し出に賛成します。
　当社のアニメーションを取り扱う<u>総代理店</u>①の<u>権利</u>②に関して，当社は貴社の<u>液晶ディスプレー</u>③を扱う代わりに，当社のアニメーションを扱うということを<u>交換条件</u>④にしたいと思います。
　もし，同意していただけたら，これらの商品に関する契約書を取り交わしたいと思います。お返事をお待ちしております。

---

①総代理店：an exclusive sales agent
②総代理権：exclusive right
③液晶ディスプレー：a liquid crystal display（LCD）
④～と～の交換条件で：base it on reciprocity between～and～

　取引の申し込みに対して，相手側の承諾が得られると，次に注文を取るための引合い，売込みが始まる。この段階は，価格表と見本またはカタログの依頼または送付から開始されるのが普通である。

2-2 ● 企業の組織図

例題4 ● 英語組織図

▶以下の組織図を，用語解釈を参考にして理解しなさい。

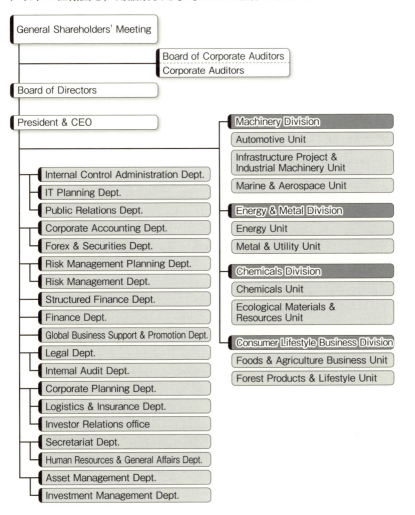

参考URL： http://www.sojitz.com/jp/corporate/organization/

(1) General Shareholders' Meeting：株主総会　General Meeting：総会　Annual General Meeting：(会社の株主やクラブのメンバー等による) 年次総会でAGMと略される　Shareholder：株主，出資者
(2) Board of Directors：取締役会　board：(幹部による) 会議，役員会など　a board member：役員，重役　director：取締役
(3) CEO：Chief Executive Officerの略で最高経営責任者 (企業の意思決定に際し，最終的な責任を負う立場の人) この組織図ではCEOが社長を兼務している
(4) Board of Corporate Auditors：監査役会　Corporate：法人の，会社の　auditor：監査役，会計検査官
(5) IT：Information Technology 情報技術
(6) Human Resources & General Affairs Department：人事総務部　human resource：人的資源　general affairs：庶務，総務
(7) Investor Relations：投資家への広報活動で，企業が投資家向けに財務内容や業績などの企業情報を公開すること (public relationsにならった造語)

日本語組織図

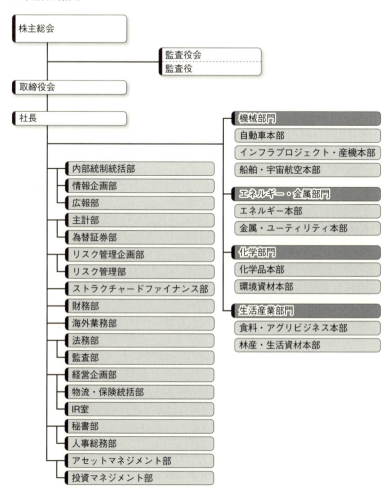

Try2 次の肩書き及び部門名を最も一般的と思われる日本語にしてみよう！

A) Chief Operating Officer (COO)
B) Vice President
C) Senior Managing Director
D) Deputy General Manager
E) Assistant Manager
F) Board of Directors
G) Statutory Auditors
H) Remuneration Committee
I) CSR & Compliance
J) Finance Department
K) Legal Department
L) Grain Department
M) Iron & Steel Department

2-3●経営理念, 経営ビジョン

　経営理念とはその企業の抽象的, 理念的な目的, 存在意義, 理想, 価値観などを意味する。アサヒ機械株式会社はその経営理念を明確にすることにより, その基本的な経営姿勢を利害関係者に知らしめ, 従業員には行動や判断の指針を与えるために次の様な経営理念を作成した。なお, 同社は外国人社員の数が増えてきていることから, 社内の文書は原則的に英語及び日本語の両方を使用している。

　経営ビジョンとは経営理念に基づいて表明されたその会社の望ましい未来像である。アサヒ機械株式会社は同社の経営理念に基づき, 同社の目指す中期的なイメージを経営ビジョンとして次の様に示した。

例題 5 ●

▶用語説明を参考にしながら訳しなさい。

<u>Corporate Philosophy</u>[①] of Asahi Machinery

We consider sincerity and propriety important and aim to be a value generating company with our originality and ingenuity that contributes to <u>the sustainable environment</u>[②] of the earth and the creation of truly wealthy society.

<u>Corporate Vision</u>[③] of Asahi Machinery

An environment-oriented excellent company

A company trusted by the customers and its employees are able to have dreams and aspirations.

<u>Managerial objective</u>[④] for the year 20XX

① Annual turnover : Yen 10 trillion (of which export Yen 7 trillion)

② To be within the top 10 ranking in the world among the machinery companies in terms of turnover.

③ <u>Recurring profit</u>[⑤] : Yen 700 Billion

④ <u>Return on equity (ROE)</u>[⑥] : 10%

⑤ CO_2 emission : More than 30% cut from this year

▶用語説明
① Corporate Philosophy：経営理念
② the sustainable environment：維持可能な環境
③ Corporate Vision：経営ビジョン
④ Managerial objective：経営目標
⑤ Recurring profit：経常利益
⑥ Return on equity (ROE)：自己資本利益率

例題 5：大意

アサヒ機械株式会社の経営理念

　私達は誠実さと礼節を重んじ，創意工夫をもって健全な地球環境の維持と真に豊かな社会づくりに貢献する価値創造企業を目指します。

アサヒ機械株式会社の経営ビジョン
　環境重視の優良企業
　顧客に信頼され，従業員が夢と希望を持てる会社
　20XX年の経営目標
　①年間売上高　10兆円（うち輸出7兆円）
　②売上高で世界の機械メーカーのトップ10に入ること
　③経常利益　7,000億円
　④自己資本比率　10%
　⑤CO_2排出量　本年度比30%以上の削減

2-4●投資案件

背景説明

　アサヒ機械株式会社輸出部では以前から取引のある豪州のPeters & Johnsons Pty. Ltd.（P & J社）との合弁会社（Joint Venture）設立の可能性を探っている。様々な実行可能性の予備調査（feasibility study）と分析を行った結果，十分な事業継続性（sustainability）があるとの結論に達した。すでにP & J社及び日本の商社A社の内諾は得ており，後は社内の手続きで，取締役会の承認を得る必要がある。そこで輸出部の田中部長より取締役会宛に企画書を提出し，最終の決裁を仰ぐこととなった。

例題6●直接投資企画書

▶用語説明を参考にしながら訳しなさい。

Proposal for investment in Australia

To：The Board of Directors[①] of Asahi Machinery Co., Ltd.
From：Yojiro Tanaka, General Manager, Export Department

Date : November 18th, 20XX

1) Executive Summary
A) We would like to propose for your approval our investment in a joint venture② company in Sydney, Australia on the following basis :
B) Purpose of investment

　To establish a joint venture company in Sydney, Australia with investments from us (investment ratio 51%), Peters & Johnsons Pty. Ltd. (investment ratio 40%) & the Japanese trading company A (investment ratio 9%).

C) Aim of the Joint Venture Company

　To manufacture and market agricultural machinery and implements③ for the Australian market and for export to the Asian markets. It is expected that the production cost will be decreased by about 30% in Australia compared with the case of production in Japan. There are other merits in manufacturing & marketing in Australia, while we can maintain the quality of our products to be manufactured by sending our technical staff to this joint venture company.

D) Our investment amount

　A$2 million including the initial cost of A$ 0.5 million – please refer to the attached details.

E) Expected return on investment

　We expect the joint venture company will start producing some after tax profit from the 3rd year onward with our target return④ of 8% p.a. on investment.

2) Key issues with the current model

　It is becoming more and more difficult to maintain the current model of manufacturing in Japan and exporting to the overseas markets from the cost point of view as the competition in the international market becomes keener. It is expected that our export sales & its profits will start declining in the near future under the current model. Some of our competitors are already starting to build factories overseas⑤ in an effort to reduce costs and remain competitive.

3) Proposed new model and the strategies

The basic roles of the partners are as follows :

Asahi Machinery – The comprehensive management of the joint venture company. We can also provide technical support and assistance to manufacture the high quality products by sending our staff to Australia.

Peters & Johnsons – Provides laborers to work at the factory. We also need their expertise⑥ in the sales and marketing skills in the Australian market.

Trading company A – Their local subsidiary company's Sydney Head Office will provide the export sales & marketing services to the Asian markets in consultation with us.

There is already an informal agreement among above 3 parties regarding the following strategies subject to our confirmation:

- The joint venture company will purchase the 3 acres (approx. 12,140m^2) of vacant land adjacent to Peters & Johnsons existing factory from the land owner.

- The joint venture company will start building a factory there and it will take 9 months to complete the construction.

- The joint venture company will employ about 50 people as labourers and this will contribute to the improvement of the local employment situation.

With the establishment of the joint venture company as above, we can envisage⑦ the following advantages :

A) Easy access to the high quality raw materials at lower costs in Australia than in Japan.

B) Utilization of Peters & Johnsons' trained labor force in the factory at lower costs.

We believe the below possible risks of the proposed joint venture company can be mitigated⑧ or minimized through the following countermeasures:

C) Possible risks

1. The decline of the sales prices of the products as a result of the intensified competition in the market.

2. The exchange rate risks in the export market due to the currency fluctuations.

3. The conflict of interests among the three partners

D) Countermeasures

1. Further efforts for the rationalization in the areas of production, marketing, sales & administration⁽⁹⁾ to reduce costs.

 Target higher segments of the market with high quality products rather than the price-competitive medium/lower segments with standard/low grade products.

2. Carry out the foreign exchange bookings to avoid the exchange rate fluctuation risks⁽¹⁰⁾ as much as possible.

3. The usual efforts for better communication among the three parties to reach consensus on the day to day business⁽¹¹⁾ are essential.

4) Conclusion

 We regard this proposed joint venture company as fully sustainable⁽¹²⁾ in the medium to long term under the growing market demand. In the meantime⁽¹³⁾ we can manage and cope with the possible risks by the countermeasures⁽¹⁴⁾ as above. This joint venture will also help to increase our competitiveness due to the decreased costs. We would appreciate the Boards'detailed discussion for early approval of this project.

Attachment : Breakdown of investment amount

①Board of Directors：取締役会
　The proposal received the enthusiastic approval of the board of directors. その提案は取締役会の熱烈な賛成を得た。
　He is on the board. 彼は役員である。
②joint venture：合弁企業，合弁事業

2社以上の企業が共同で出資して設立された新たな企業。また，複数の企業が協力して事業を行う合弁事業を指す場合もある。
③agricultural machinery and implements：農業機械器具
　implements：器具，道具，用具　　stone implements：石器
④return：報酬，収入，収益　　　small profits and quick returns（S. P. Q. R.）：薄利多売
　The business brought in a good return.　その事業は良い収益をもたらした。
⑤overseas：海外で（に）この場合のoverseasはbuildに対応する副詞
　students overseas：海外で学んでいる学生
⑥expertise：高度の専門知識（技能，見解，評価）
　business expertise：事業の専門知識　Once you've gained some degree of expertise and confidence, you can teach what you've learned to others.　ある程度の専門知識と自信を得ると，あなたは学んだことを他人に教えることができます。
⑦envisage：予見（構想）する，考察する，予想する
　He envisages an era of great scientific discoveries.　彼は偉大な科学的発見の時代を心に描いている。
⑧mitigate：(苦痛などを) 和らげる，緩和する，酌量の余地を与える
　mitigate a person's fatigue：疲労感を和らげる
　We discussed how to mitigate the earthquake damage in the urban areas.　我々は都市部での地震の被害を軽減する方策について議論した。
⑨administration：管理，運営，処理，管理部門　business administration：企業経営，経営学　The company developed under his wise administration.　会社は彼の素晴らしい経営手腕を得て発展した。
⑩exchange rate fluctuation risks：為替相場変動のリスク　fluctuation：変動すること，不安定な状態　（反対語はstabilityで安定性）　the fluctuation of economy：景気の変動
⑪day-to-day business：日常業務，日々の仕事　day-to-day chores：日々の雑用
⑫sustainable：維持できる，持続可能な　sustainable development：持続可能な開発　sustainable economic growth：継続可能な経済成長　名詞形はsustainability：環境を破壊することなく資源利用を持続することができること
⑬in the meantime：一方，話変わって，その合間に，それに対して　meantime：合い間
⑭countermeasures：対応策，対抗手段　They took a countermeasure against the sanction.　彼らはその制裁に対して対抗手段を取った。

例題６：大意

オーストラリアにおける投資案件

20XX年11月18日

アサヒ機械株式会社役員会御中

輸出部部長　田中陽次郎

１）　企画要旨

　オーストラリアのシドニーにおいて次の要領で合弁会社への出資する企画案に対する承認をいただきたく，宜しくお願い致します。

Ａ）投資目的

　オーストラリアのシドニーにて我が社（出資比率51％），オーストラリアのＰ＆Ｊ社（同40％），日本の商社Ａ社（同9％）で合弁会社を設立するため。

Ｂ）合弁会社の目標

　オーストラリア市場及びアジア市場向け輸出用の農業機械器具を製造，販売すること。オーストラリアで生産することにより，日本で生産した場合と比較して約30％生産コストが下がることが見込まれる。オーストラリアで製造，販売することによるメリットはこの他にもあるが，その一方で我が社の技術者を派遣することにより，この合弁会社で生産される製品の質を維持することは可能である。

Ｃ）投資金額

　２百万豪ドル（初期費用50万豪ドルを含む，添付明細参照）

Ｄ）予想される投資からの利益

　合弁会社は3年目から税引き後利益を計上し始め，将来の目標は投資金額に対し年8％の収益を目指す。

２）現行モデルの主要な問題点

　日本で製造し，海外市場へ輸出するという現在のモデルを継続してゆくことは，国際市場での競争がより激しくなるにつれて，コスト面から益々困難になってきている。現行のモデルでは我が社の輸出の売上とその利益は近い将来減少に転じることが予想される。更に，複数の競合他社はすでにコストを削減し，競争力を維持するために海外で工場の建設を始めている。

３）新しいモデルと戦略の提案

　それぞれのパートナーの基本的な役割は次の通りとする。

アサヒ機械－合弁会社の総合的な経営を担う。我が社はまた，社員をオーストラリアに派遣することにより，高品質な製品を製造するための技術的な支援，補助を行

うことができる。
P＆J社－現地の工場で働く作業員を手配する。我が社はまた，P＆J社のオーストラリア市場における販売及びマーケッティングの専門知識を必要としている。
商社A社－同社現地法人のシドニー本社が我が社と協議の上，アジア市場への販売，マーケティングのサービスを提供する。

　上記3社の間では我が社の確認条件で，次の戦略に関する非公式な合意がすでにできている。
－合弁会社はP＆J社の現在の工場に隣接する3エーカー（12,140平方メートル）の空き地を地主から購入する。
－合弁会社はそこで新しい工場の建設を始めるが，完成するまでには9ヶ月の期間が必要となる。
－合弁会社は新工場の作業員として約50名を雇用し，これが現地の地域社会の雇用状況の改善に貢献することになる。

　上記の合弁会社設立により次のような優位性を得ることが可能であると考察される。
A）オーストラリアにおいては，高品質な原料を日本よりも安いコストで容易に入手できる。
B）工場においては，P＆J社の訓練された労働力をより安いコストで利用することができる。

　企画されている合弁会社の下記の予想されるリスクは，Dの対応策によって軽減されるか，最小化される。
C）可能性のあるリスク
1．競争の激化による販売価格の下落
2．輸出市場における通貨の変動による為替リスク
3．出資する3社間の利害不一致
D）対応策
1．コスト削減のため生産，マーケティング，販売の分野において合理化へ向けた更なる努力をすること。
　標準的なあるいは低いグレードの製品で価格競争の厳しい中位，低位の市場部門を目指すよりも，高品質の製品　でより高位の市場部門を目標とする。
2．為替レートの変動リスクを極力避けるために為替予約を行う。
3．日々の業務において内部の合意に達するように3社間でより良いコミュニケーションを図る為の平素の努力が必要となる。
4）結論
　この合弁会社は増大する市場の需要のもとで，中長期的に充分に継続可能である

第2章●取引先企業

と考える。一方で可能性のあるリスクは上述の対応策により管理，対応することができる。この合弁会社はまたそのコストが低減されるため，我が社全体の競争力も高めることになる。本件に関しては役員会の皆様に，この事業計画の早期の承認に向けた詳細な議論をしていただきたく，宜しくお願い致します。

添付書類　投資金額の明細（省略）

Try3 次の英文を訳してみよう！

To：The Broad of Directors

We would like to propose that we renew our company website under the following circumstances：

1) Our website is now a little outdated as our business environment has changed drastically during the last few years.

2) Our competitors have already renewed their website and we are concerned that we would be far behind them in our business.

The specifics of our proposal are as follows：

A) We form a project team comprising of staff from the relevant departments.

B) The project team will set up a time schedule for the renewal of website and will communicate closely with the Management & Planning Department.

C) The project team will arrange with the outsourcing IT company to renew our company website for the following main purposes：

  - improve the general image of our company

  - promote the sales of our products to the clients

  - accelerate communication with the clients through the mail system etc.

第3章
英文契約書

3-1 ● 契約書

3-1-1 Supply Agreement

背景説明

　アサヒ機械の関連会社であるアサヒ食品はオーストラリアのPeters & Johnsons Pty. Ltd.の関連会社であるP & J Foods Pty. Ltd.から日本の顧客（食品メーカー）の依頼で食品の原料を輸入することになった。それに伴って，両者間で話し合いを重ねた結果，次の様な売買基本契約書を結ぶことになった。なお，個々の契約の際にはその都度P & J Foods Pty. Ltd.よりアサヒ食品に対して輸出販売確認書（Export Sales Confirmation）を発行することで合意した。

SUPPLY AGREEMENT[①8]

　THIS AGEEMENT is made this 6th day of August, 20XX　BETWEEN PARTIES: P & J Foods Pty. Ltd.
(here-in under called Supplier, Address: Level 20 P & J Building Macquarie Place, Sydney, NSW 2000 Australia)
AND

8　大意は資料3を参考。

Asahi Foods Co., Ltd.
(here-in under called Purchaser, 11-2 Ohtemachi 1 Chome, Chiyoda-Ku, Tokyo, 100-0500 Japan)

Recital:②

The Supplier has agreed to sell and the Purchaser has agreed to buy certain types and quantities of Products as agreed between the parties from time to time on the terms of this Supply Agreement.

NOW, THEREFORE, for and <u>in consideration of</u>③ the <u>premises</u>④ and the mutual <u>covenants and agreements</u>⑤, the parties hereto have agreed as follows:

TERMS AND CONDITIONS

1. DEFINITIONS AND INTERPRETATION

1.1 In this Supply Agreement:

"Business Day" means a day on which trading banks generally are open for business in Sydney and Tokyo.

"CFR" and "CIF" have the meaning prescribed by "Incoterms 2010".

"Individual Contract" means the Export Sales Confirmation sent to the Purchaser by the Supplier after confirmation of the Export Sales Offer by the Purchaser.

"Delivery Obligations" means delivery of the Product on board the vessel as defined under either CFR or CIF as agreed upon by the Supplier and the Purchaser in the Individual Contract.

"Price" means the price of the Product as agreed upon by the Supplier and the Purchaser in the Individual Contract.

"Standard Specifications" means the product requirements agreed upon by the Supplier and the Purchaser.

1.2 In this Supply Agreement unless the context requires otherwise;

(a) the singular includes the plural and the plural includes the singular;

(b) words of one gender include the other gender;
(c) words indicating persons include corporations and all other entities recognised by law;
(d) reference to a party includes the party's personal representatives, successors, transferees and permitted assigns;
(e) references to Clauses and Schedules are references to clauses in and schedules to this Supply Agreement.

1.3 Clause headings in this Supply Agreement are only for convenience and do not affect interpretation.

2. AGREEMENT TO BUY AND SELL PRODUCTS

2.1 The Supplier agrees to sell and the Purchaser agrees to buy the Product on the terms of this Supply Agreement. Each transaction of sale and purchase of the Product between the Supplier and the Purchaser shall be evidenced by an "Export Sales Offer" by the Supplier and confirmation by the Purchaser. Upon this confirmation an "Export Sales Confirmation" will be provided by the Supplier, in principle, placed by e-mails or electronic fax (Individual contracts). The "Sales Confirmation" shall include (i) the name of the Product, (ii) quantity, (iii) price, (iv) date and location (including port of discharge) of delivery, (v) Trade terms (CFR or CIF) , (vi) date of shipment, (vii) payment terms. In the event that any conflict arises between the terms and conditions of this Supply Agreement and those of the Individual Contract, those of this Supply Agreement shall prevail. The Supplier shall not reject any request for an "Export Sales Offer" from the Purchaser without legitimate reason.

2.2 The Supplier shall supply the Product to the Purchaser in accordance with Clause 4 and the Purchaser shall accept Product supplied, or sought to be supplied, in accordance with Clause 4.

3. PRICE AND ASSOCIATED COSTS

3.1 The Purchaser will pay to the Supplier the Price for the Product included in a shipment in accordance with the terms contained in this Supply Agreement and the relevant Individual Contract (Export Sales Confirmation).

3.2 Without prejudice to⁽⁶⁾ any other rights or remedies of the Supplier, if any payment is not made on the due date without reason and the Purchaser does not make the payment within 7 days of receiving written notice from the Supplier requiring the payment, the Purchaser will be in default and the Purchaser shall pay to the Supplier, by way of liquidated damages, interest at the prevailing SIBOR (Singapore Inter Bank Offer Rate) plus 1.5% per year from the due date for payment until payment is made in full.

3.3 The Supplier will obtain at its expense any export licences or other official authorisations and will attend to all customs formalities necessary for the export of the Product from Australia.

3.4 The Purchaser will:
(a) obtain at its own expense all import licences and other official authorisations, and will attend to all customs formalities necessary for the importation of the Product into the country of destination and, if required, the transit of the Product through any other country;
(b) obtain at its own expense all contracts for carriage of the Product from the port of destination to the Purchaser's warehouse or any other location in the country of destination;
(c) bear the cost of any taxes, excises, levies and duties related to the importation of the Product into the country of destination or the sale and distribution of the Product within the country of destination irrespective of the person, nation, state, government or authority requiring payment.

4. DELIVERY

4.1 The Supplier will arrange shipping for the Dairy Produce in accordance with the shipping program as agreed upon in writing between the Supplier and Purchaser.

4.2 Where the price for particular products is specified as CIF or CFR, the respective rights and obligations of the parties in respect of the delivery of products will be determined by reference to the rules for interpretation of those terms prescribed by the International Chamber of Commerce in its 2010 edition of "Incoterms".

5. DISCHARGE

5.1 The Purchaser will be responsible for, and will bear all charges, costs and expenses associated with, the discharge of vessels at the delivery port including, without limitation, all dispatch, demurrage, dues and taxes on wharfage, on cargo and any other port cost.

6. TITLE

6.1 The title and risk of loss of, or damage to, the Product will pass to the Purchaser on delivery of the Product on board the vessel and the Purchaser will insure the goods until sold by the Purchaser, provided that where Product is being sold on a CIF basis the Purchaser will not be obliged to take out cargo insurance.

7. RISK

7.1 Until the Supplier completes its Delivery Obligations, delivery of the Product on board the vessel, all risks of loss or damage to the Product and all costs associated with the Product are the Supplier's responsibility.

8. WARRANTY

8.1 The Supplier warrants that the Product will comply in every respect with the Standard Specifications.

9. LIABILITY FOR BREACH⁷

9.1 If:

(a) the Supplier fails to supply the Product in accordance with this Supply Agreement, and the relevant Individual Contract; or

(b) the Product supplied is found not to conform with the Standard Specifications either before or after shipment; or

(c) the Product does not maintain quality due to the presence of extraneous or foreign matter; or

(d) there is a quality claim (which is not subject to the schedule⁸ at any time), the Supplier must compensate and indemnify the Purchaser against all direct & reasonable costs incurred by the Purchaser as a direct result of any such occurrence including, but not limited to, locating an alternative source of supply to enable the Purchaser to meet its contractual obligations; or

(e) the shipment is delayed by the Purchaser. the Purchaser must compensate the Supplier for all direct and reasonable cost incurred by the Supplier as a direct result of any breach of this supply agreement including, but not limited to, storage and interest costs.

10. CONFIDENTIALITY

10.1 Neither party, except in the proper course of fulfilling their obligations under this Supply Agreement may disclose to any person, and must use their best efforts to prevent the publication or disclosure of the Purchaser's quantities and pricing arrangements or any information concerning the business, finances, procedures or administration of the parties or any of their dealings, transactions or affairs.

11. FORCE MAJEURE

11.1 Neither party will be liable to the other for any delay, interruption or failure in the performance of obligations under this Supply Agreement if the delay, interruption or failure is due to, or results from, war (whether declared or undeclared), blockage, revolution, riot, insurrection, civil commotion, strike, lockout, or other labour dispute, act of God, governmental restrictions or control of imports, exports or foreign exchange, fire, flood, drought, storm, tempest, embargoes, industrial or shipping problems or any other causes beyond the control of the Supplier or the Purchaser (as applicable).

12. TERMINATION

12.1 This Supply Agreement will continue to force until such time as it is terminated in accordance with this Clause 12.

12.2 Without prejudice to any other rights the Supplier has under this Supply Agreement or at law, the Supplier may terminate this Supply Agreement immediately by written notice to the Purchaser if the Purchaser breaches a provision of this contract and does not remedy[9] the breach within 7 days of receiving written notice from the Supplier requiring the breach to be remedied.

12.3 Without prejudice to any other rights the Purchaser has under this Supply Agreement or at law, the Purchaser may terminate this Supply Agreement contract immediately by written notice to the Supplier if the Supplier breaches a provision of this Supply Agreement and does not remedy the breach within 7 days of receiving written notice from the Purchaser requiring the breach to be remedied.

12.4 Either party may terminate this Supply Agreement immediately by written notice to the other if:
(a) a liquidator[10], provisional liquidator, receiver, receiver and manager, trustee, voluntary administrator or similar officer is appointed to the other party or any of its business or property; the other party ceases or threatens to cease to carry on its business or is unable to pay its debts

when they fall due; or

(b) the other party makes an assignment⑪ for the benefit of its creditors or enters into a composition⑫ or arrangement with any of its creditors; or

(c) the other party applies or files for (whether successfully or not) any form of company rehabilitation, court protection from creditors, bankruptcy protection, protection in order to restructure or a petition to commence reorganisation⑬ proceedings.

12.5 Without prejudice to any other rights the Supplier has under this Supply Agreement or at law, the Supplier may terminate this Supply Agreement immediately by written notice to the Purchaser where, in the opinion of the Supplier, there has been a material adverse change in the financial position of the Purchaser.

12.6 Without prejudice to any other rights the Purchaser has under this contract or at law, the Purchaser may terminate this Supply Agreement immediately by written notice to the Supplier where, in the opinion of the Purchaser, there has been a material adverse change in the financial position of the Supplier.

12.7 The Supplier and/or Purchaser may with 180 days' advance notice and upon agreement with the other party, cancel this Supply Agreement.

13. ARBITRATION

The parties undertake to resolve all and any dispute by negotiation in a friendly and amicable manner with the objective or reaching a mutually agreeable resloution and maintaining a sound business relationship. Any dispute, difference or question between the parties arising out of or in connection with this Supply Agreement or relating to the rights, duties or liabilities of the parties under this Supply Agreement must, if there is no other agreement between the parties to the contrary, be referred to mediation, and only if agreement can not be reached finally settled by arbitration. The arbitration shall be held in New South Wales, Australia, if initiated by the Purchaser, and in Tokyo, Japan, if initiated by the Supplier, in accordance with the Rules of Conciliation and Arbitration of the International Chamber of Commerce, Paris.

14. NOTICES

14.1 Unless otherwise provided herein, a notice, demand or other communication given or made under this Supply Agreement:
(a) must be in writing and in the English language;
(b) may be signed on behalf of the party giving it by the party's duly authorised officer, solicitor or attorney.

14.2 A communication if:
(a) posted, will be taken as served 7 Business Days after posting;
(b) sent by facsimile transmission, will be taken as served on conclusion of transmission.

14.3 Any of these methods of service is valid even if the intended recipient does not receive the communication or, where it is posted, it is returned to the sender unclaimed.

15. MISCELLANEOUS

15.1 Whole agreement[14]

This Supply Agreement constitutes the whole of the agreement between the parties. It supersedes and extinguishes any previous agreement or understanding between the parties about the subject matter of this Supply Agreement and any representation or warranty previously given.

15.2 Convention not to Apply

The rights and obligations of the parties under this Supply Agreement will not be governed by the provisions of the United Nations Convention on Contracts for the International Sale of Goods (1980) .

15.3 Variation of Supply Agreement

This Supply Agreement can be amended or varied only by a written document executed by the parties.

15.4 Assignment

Neither party may assign, novate,⑮ transfer or deal with its rights or obligations under this Supply Agreement without the written consent of the other party.

15.5 Severance

If any provision of this Supply Agreement is or becomes illegal, invalid or unenforceable in any jurisdiction, the provision must be read down so as to give it as much effect as possible. If it is not possible to give the provision any effect at all, it is severed from this Supply Agreement. Any reading-down or severance does not affect the validity and enforceability of the remaining provisions in that jurisdiction or the validity and enforceability of the offending provision in any other jurisdiction.

15.6 Waiver

No failure by either party to exercise and no delay in exercising any right under this Supply Agreement is to be taken as a waiver of the right. No waiver of a right is effective unless made in writing. Waiver of a particular right does not in any way release the other party from strict compliance in the future with the same or any other obligation.

15.7 Counterparts

This contract may be executed in a number of counterparts, all of which taken together constitute one and the same document.

15.8 Governing law

This Supply Agreement is governed by the law of New South Wales, Australia.

In WITNESS WHEREOF, the parties hereto have caused this agreement to be excuted by their duly authorised representatives as of the date first below written.

For and on behalf of the Supplier   For and on behalf of the Purchaser

---

Full Name   Full Name

Title   Title

Date   Date

▶用語解説

① Supply Agreement：ここでは売買基本契約のことで，これから行う取引の基本的なルールをこの契約の中でお互いに確認しておく。これに対して個々の取引ごとに，数量，価格，積み期，揚げ地などの明細を明記した売買契約をこの売買基本契約とは別に交わす場合もある。(個々の取引に関する売買契約は別紙参照)

② Recital：説明条項と呼ばれる部分で，この契約書がどのような目的で締結されたのかを示している。ここではひとつの文章にまとめられているので単数形だが，複数の文章の場合は Recitals となる。伝統的な契約書では説明条項は WITNESSETH（以下を証する）という動詞で始まり，Whereas（〜であるがゆえに）と続く形式が多かったが，最近では Recitals という節を設けて，当該契約の目的や契約にいたった事情の説明を加える簡便な書式を採用するケースが多い。

③ in consideration of 〜：「〜を約因として」という意味。consideration には「考慮」の他に「報酬，（金銭的な）見返り，対価」という意味もあるが，この場合は約因つまり契約の原因

のこと。契約には必ずその対価があるという考えに基づいている。
④premises：「頭書」のこと。契約書の本文の前にある解説のことで，通常は契約日と契約当事者に関することが書かれている。
⑤covenants and agreements：両方とも「契約」の意味で，同義語の重複使用の一例。難解な法律用語を広く一般の人にも理解してもらおうとの試みから，この様な重複使用が広く行われるようになった。動詞形でcovenant and agreeという表現もある。
⑥without prejudice to ~：この場合のprejudiceは「偏見」という意味ではなく，（他人の判断，行為の結果生じる）「不利益，損害」という意味の法律用語。Without prejudice toは契約書によく出てくる表現で，「既得権益を損なうことはなく」あるいは「~に不利益を与えずに」の意味。
⑦breach：違反 不履行　material breach of contract：契約の重大な違反
⑧schedule：別紙　契約書に添付されるもの　同様の単語にannex, appendix, exhibitなどがある。
⑨remedy：remedyは一般的には名詞としては「医療, 治療薬」など，動詞としては「治す, 改善する」などの意味に使われることが多いが，ここでは「救済手段」の意味で，権利を侵害された者のよりどころとなる法的な対抗手段を指す。相手方の債務不履行に対抗する手段のことで，具体的には損害賠償請求権や契約の解約権を指す。
⑩liquidator：精算人，receiver：保全管理人，trustee：管財人
⑪assignment：譲渡，譲渡証書
⑫composition：和議　債務一部免除　破産を避けるために，債務者が債権者との間で債務の整理を目的とする和議契約を結ぶこと。make a composition with the creditors：債権者たちと和議を結ぶ（示談にする）
⑬reorganization：事業再構築　（会社の）再建
⑭whole agreement：完全合意　entire agreementまたはintegration（合意の統合）とも表現される。この契約が2社間の合意の全てであり，仮にこの契約の主題に関する合意（書面，口頭を問わず）が過去に2社間にあってもそれは無効となり，全てこの契約書によって取って代わられることを表明したもの。
⑮novate：（債務を）更改する　更新する　名詞形はnovationで，当事者間の合意により既存の契約を消滅させた上で，これに代わる新たな契約を結ぶこと。

3-1-2 輸出販売確認書

背景説明

輸出者のP & J Foods Pty. Ltd.は輸入者のAsahi Foods Co., Ltd.に対して，個々の契約を確認するために，次の様な輸出販売確認書を発行している。第1項 Supply Agreementの2. AGREEMENT TO BUY AND SELL PRODUCTSの2.1参照。

例題7 ●輸出販売確認書

▶用語説明を参考にしながら訳しなさい。

(Seller's Letter head)
P & J Foods Pty. Ltd.
Level 20 P & J Building, 3 Macquarie Place,
Sydney, N.S.W. 2000 AUSTRARIA

Export Sales Confirmation

Date : 14th December 20XX
Sales Confirmation No. 002753
Customer Reference No.003A

Purchaser : Asahi Foods Co., Ltd.
1-11-2, Ohtemachi, Chiyoda-ku,
Tokyo, 100-0500 Japan

Terms	: CFR Yokohama[①] Incoterms 2010
Payment terms[②]	: Open Account 30 days after Bill of Lading date
Transport[③]	: Sea Freight, Port of Loading Sydney, Australia
Product[④]	: PJF Brand Premium Powder S-3000 in 25 Kgs cartons
Quantity/Price[⑤]	: 1,500 cartons at US$430 per carton US$645,000
Shipment Month:	300 cartons Jan 20XX
	400 cartons Feb 20XX
	400 cartons Mar 20XX
	400 cartons Apr 20XX

Total Amount   US$645,000

▶用語説明
①CFR（Cost and Freight）Yokohama：横浜までの運賃込渡し条件。Trade Terms
②Payment terms：決済条件
③Transport：輸送手段。Delivery Terms
④Product：製品。Quality Terms
⑤Quantity/Price：数量（価格）条件

例題7：大意

P＆Jフーズ株式会社
オーストラリア　2000　ニューサウスウエールズ州シドニー
マックエリープレイス3　P＆Jビル20階
輸出販売確認書

日付：20XX年12月14日
販売確認番号：002753
顧客参照番号：003A

購買者　　：アサヒ食品株式会社
　　　　　　100-0500　東京都千代田区大手町1-11-2
条件　　　：CFR横浜（インコタームズ2010による）
支払い条件：B/Lの日付より30日後オープン勘定
輸送手段　：船便，積地　オーストラリア，シドニー

製品　　　：PJFブランド　プレミアムパウダー　S-3000, 25キロカー
　　　　　　トン入り
数量及び価格：1,500カートン，カートン当たり430米ドル
　　　　　　小計　645,000米ドル
積月　　　：300カートン　20XX年1月
　　　　　　400カートン　20XX年2月
　　　　　　400カートン　20XX年3月
　　　　　　400カートン　20XX年4月

3-1-3 購買確認書

背景説明

　輸出者の立場からすると第1項の売買基本契約書と第2項の輸出販売確認書はセットになっている。これは輸入者からのメールによる個々の注文を確認するものなので，輸入者のサインは求めていない。これに対して，次の購買確認書は，メールのやり取りによって個別の契約が成立した後に，輸入者側から2部輸出者に送り，輸出者がサインをして1部を送り返すことを求めている。

例題8 ● Purchase Contract

▶用語説明を参考にしながら理解しなさい。

(Buyers' Letterhead)
Asahi Foods Co., Ltd.,
11-2　Ohtemachi 1 chome, Chiyoda-ku, Tokyo
100-0500 JAPAN

PURCHASE CONTRACT

　Asahi Foods Co., Ltd. as buyer hereby confirms the purchase from the under mentioned Seller of the following goods (the "Goods") on the terms and conditions given below including all those printed on the reverse side hereof, which are expressly agreed to, understood and made a part of this Contract :

Sellers Name & Address① 　　　 Buyer's Dept② 　Date③

　　　　Buyers Contract No.④ 　Sellers　Reference No⑤

| Marking⑥ | Commodity & Quality⑦ | Quantity⑧ | Unit Price⑨ | Amount⑩ |

Terms of Delivery ⑪	Time of shipment ⑫
Port of shipment ⑬	
Port of Discharge ⑭	
Inspection ⑮	Packing ⑯
Insurance ⑰	Special Terms & Conditions ⑱
Payment ⑲	
Accepted and confirmed by	
(Seller) ⑳-①	(Buyer) ⑳-②
By	By
Date	Date

(注)
売買契約書の構成要素
①売主の名称と住所　②買主の部署名　③契約書作成の日付　④買主側の契約書の番号
⑤売主側の契約書の番号　⑥ケースマーク（荷印）　⑦商品明細　⑧数量　⑨単価
⑩合計金額　⑪荷渡し条件　⑫船積時期　⑬船積港　⑭荷揚げ港　⑮検査　⑯包装
⑰保険　⑱特記事項　⑲支払い　⑳輸出者（輸入者）の署名及び日付

　いろいろと変化する背景に伴って，材料，部品の企業内国際分業による工場間の輸出入，完成品の逆輸入，三国間貿易，OEM取引，合弁契約，ライセンス契約，委託販売契約，並行輸入，開発輸入，委託加工貿易などの多様な貿易形態の取引が進展中である。

Try4 次の英文のメールを訳してみよう！

● 代替品をすすめる

　Thank you for your order of May 15. Unfortunately, the goods ordered by you are out of stock at present and will not be available before the first of June. We can, however, offer the slightly better, very similar goods Item No. 6 at $23.00, which is in stock and is perhaps even more suitable. Please let us know whether we may ship these goods.

Try5 次の売約書を訳してみよう！

● 売約書

This is to confirm our sale to you of the undermentioned goods on the terms and conditions set forth as follows;

Descriptions: 1,500 pcs Parts of Air Craft @ $ 4,000 per piece CIP Long Beach

Shipment: the first of June, 20XX

Insurance: To be covered on ICC (A) including War Risks for 10% over the invoice amount.

Terms: T.T. remittance at 30 days after B/L date

Unless otherwise specified, this contract is subject to the following conditions:

1) We are not responsible for any delay of shipment caused by force majeure, including walkouts, lockouts, fires, floods, earthquakes, tempests, plague, mobilization, war, civil commotion, hostilities, blockade, requisition of vessels, prohibition of export, or any other circumstances beyond our power.

2) Any additional freight and insurance and other charges owing to the declaration or outbreak of war shall be paid by you.

3-1-4 契約書解説

3-1-1 Supply Agreement の構成は次の4つの要素から成り立っている。

1. 表題　Supply Agreement
2. 前文(頭書)　THIS AGREEMENT is made this 6th day of August 20XX.
　　　　　　　BETWEEN PARTIES: ………AND ……….
　(説明条項)　RECITAL:
　　　　　　　The Supplier has agreed to ………
　　　　　　　NOW, THEREFORE, for and in consideration of the premises and the mutual covenants and agreements the parties hereto have agreed as follows:
3. 本体部分　(定義条項)　1. DEFINITION AND INTERPRETATION
　　　　　　(本体条項)　2. AGREEMENT TO BUY AND SELL PRODUCTS
　　　　　　　　　　　　…………
　　　　　　(一般条項)　15. MISCELLANEOUS
　　　　　　　　　　　　…………
4. 末尾部分　　IN WITNESS WHEREOF, the parties hereto have caused this Agreement to be executed by their duly authorised representatives as of the date first below written.

_____　　_____
For and on behalf of the Supplier　　For and on behalf of the Purchaser

_____　　_____
Full Name　　Full Name

_____　　_____
Title　　Title

_____　　_____
Date　　Date

英文契約書の特徴
1）特殊な用語の使用

　日常生活ではあまり使われない文語的な（あるいは古い）用語の例

　　whereas　～であるが故に（since）

　　whereof　それについて（of which）何の（of what）

　　hereto　この点に関して

　　herein, hereof　ここ（この契約書）に，この中に，これの

　　bona fide　善意の，誠実な

　　pro rata　比例して，案分に

　　pari passu　同等で，優先順位なしに，同時に

　　inter alia　なかんずく，とりわけ

2）助動詞の特殊な使用

　　shallは一般的に義務を表す助動詞として使われる。これに対してwillは義務ではないことを表すために使われることがある。

　　mayは一般的に「～することができる」という意味によく使われる。これに対してbe entitled toも同様の意味で使われるが，後者は権利または法律上強制できない特権を表すとされている。

3）同義語の重複使用

　　契約書に使われる難解な法律用語を一般の人にも理解してもらうために次の例のように同義語を並べて使うことが行われる。

　　costs and expenses　費用

　　deem and consider　～とみなす

　　due and payable　支払期限にある

　　modify and change　変更する

　　null and void　無効の

　　perform and discharge　履行する

　　save and except　～を除いた

4）大文字，太文字の使用

　　定義されている普通名詞（Supplier, Purchaserなど）は大文字で始める。

　　また，注意を促す目的で全文または一部を大文字で表す場合がある。

　　例　SUBJECT TO ～, IN WHITNESS WHEREOF, THIS AGREEMENT

英文契約書の種類

①覚書（Memorandum of Understanding）
②秘密保持契約（Confidentiality Agreement）
③国際売買契約（Sales Agreement 又は Supply Agreement）
④製造委託供給契約（Manufacturing & Supply Agreement）
⑤代理店・販売店契約（Agency Agreement, Distributorship Agreement）
⑥ライセンス契約（License Agreement）
⑦共同開発契約（Joint Development Agreement）
⑧企業買収契約（Merger & Acquisition Agreement）
⑨合弁契約（Joint Venture Agreement）
⑩オプション契約（Option Agreement）

Try6 次の文を英文の手紙にしてみよう！

● 商品の売込み1

　10月10日付メールを受け取り委細承知しました。ご請求に従って①，本日，見本便②にて，当社の主要取扱商品の見本を送付しましたが，その優れた品質を認めていただけると信じております。
　添付同封致しました価格表からおわかりのように，当社の価格は例外的に安いです。なぜならば貴市場での販売を広めるためには，価格を切り下げることが必要であると考えているからです。取引条件に関しては，取引の基礎となる一般的取引条件の覚書③を2通同封致します。これらの取引条件をそのまま④ご承認下さって覚書の1通にご署名の上，ご返送いただければ幸いです。
　取引⑤関係が成立したことをよろこびますとともに，参考までに呈示⑥してくださるご提案に対しては迅速かつ十分な配慮を致します⑦。この関係が友好的に末永く続くことを希望します。
同封物　覚書

①ご請求に従って：in compliance with your request　in accordance with your request
②見本便：sample post　小包郵便：Parcel Post
③一般的取引条件の覚書：Memorandum of General Terms and Conditions of Business
④そのまま，何らの修正を加えずに：as they stand
⑤取引を行う：to transact business , to deal with
⑥呈示する：to present
⑦提案があれば早速十分に考慮する：prompt and best attention will be given to any suggestions

Try7 次の英文メールを訳してみよう！

● 商品の売込み2

Thank you for your mail of 12th Jan. 20XX.

We are glad to know of your continued interest in our goods and would like to send you a booklet which describes the organization of our firm, a copy of our catalog, a brief company history, and several other brochures for you inspection.

From the catalog and the Price List, it is easier to operate the new model than old-fashioned model, and it provides superior quality at a comparatively low cost. If you have already had the opportunity to see the player in action, we are sure you would more fully appreciate the message presented.

As regards terms and conditions of business, we are enclosing our Memorandum of General Terms and Conditions of Business in duplicate on which we are prepared to transact business. We hope you will accept them as they stand and return to us a copy duly signed.

We are really glad to say that business relation has now been opened between you and us, and our prompt and best attention will be given to any suggestions you may present for our consideration.

We hope this relation will continue pleasantly for our mutual advantage.

Try8 次のメールを英文にしてみよう！

● 商品の売込み3

当社のパンフレットを求める6月3日付のメールをありがとうございました。しかし，残念ながら予期しない需要の殺到①で全て使いきって②しまいました。当社としては近い将来再版する予定があります。とりあえず一部お送りするつもりです。

①unexpectedly heavy demand：予期しない需要の殺到
②completely exhausted：全て使いきる

3-2●取引の成立から決済へ

3-2-1 Firm Offer

　一般的な取引条件の打ち合わせを通して，売手は，買手側の希望条件や要求が承諾できるかよく検討した上で，売申し込み（selling offer）や買申し込み（buying offer）を行う。オファーには色々な種類があるが，以下に主なオファーを記載する。

①Firm Offer（確定売申し込み）：特定商品の一定数量を一定の価格で一定の船積時期に，一定の決済条件のもとで引き渡すことを約束する売申し込みである。このオファーには買手の承諾回答期限が限定されている。この期限中には条件の撤回，条件の変更はできない。

②Offer subject to prior sale（先口売条件付売申し込み）[9]：同時に多数の取引先にオファーし，その商品の売切れと同時にその効力が消滅するものである。

③Offer subject to sellers' confirmation（売手の確認条件付売申し込み）：価格の変動が激しい商品や，売れ行きの良い商品を取り扱うような場合に用いられるもので，この場合には，買手から承諾回答があっても，売手がもう一度確認しなければ有効とならない。

④Offer without engagement（不確定売申し込み）：実質的には単なる相場の問い合わせである。

　申し込みが無条件・無修正で承諾された時に，契約は成立するので，承諾がどの時点で有効となるかが大事である。もし，買手が売手からきたオファーに条件をつけ，一部変更を申し出た場合は，最初のオファーは無効になり，買手が新たなオファーを出したことになる。これを反対オファー（counter offer）という。

　また，このオファーに対して売手が再び反対オファーを出すこともある。実際には買手・売手双方の条件をめぐって反対オファーのやりとりが続き，ある妥協点で契約が成立する場合が多い。

9　Offer subject to prior sale：Offer subject to being unsold ともいう。

例題9 ● Firm Offer 等

▶用語説明を参考にして（Firm Offer）から（承諾：accepted）までの文を日本語に訳しなさい。

● Firm Offer

We examined your terms and conditions of business and came to the conclusion that we have no objection to them.

We are pleased to <u>offer</u> you <u>firm</u>① subject to your acceptance reaching us by August 20 as follows：

Item	：A1 Special
Packaging	：25 Kgs per carton
Quantity	：1,000 cartons
Price	：US$5,000.00 per carton C.I.P. Yokohama
Shipment	：September - October, 20XX
Terms	：T.T. Remittance at 30 days after B/L date

We believe this price can compete well with those of other firms. Your trial order will be very much appreciated. We looked forward to your answer.

● Counter Offer

From Asahi Foods Co. Ltd. to P&H Foods Co. Ltd.

August 20, 20XX

We have received your firm offer of August 15 for 1000 cartons of your A1 Special at US$5,000.00 per carton. <u>We regret to say</u>②, however, that we <u>are unable to</u>③ accept your offer at the price. Our <u>counter offer</u>④ to you is as follows：

Item	：A1 Special
Packaging	：25 Kgs per carton
Quantity	：1,000 cartons

Price　　　　　： US$4,000.00 per carton C.I.P. Yokohama

Shipment　　　： End of⑤ September, 20XX

We hope you will accept our counter offer.

①firm offer：確定売申し込み

②We regret to say〜：残念ながら〜だ

③to be unable to〜：〜することができない cannot では強すぎるので少し柔らかい表現を用いる。We are not in a position to accept your offer. も可。

④counter offer：逆／反対申し込み

⑤（at the) end of 〜：〜月下旬

　上旬：early in 〜　　中旬：in the middle of 〜

● 再度 Counter Offer

From P & J Foods Co., Ltd. To Asahi Foods Co., Ltd.

August 23, 20XX

In reply to your counter offer of August 20, we would like to make a counter offer subject to our final confirmation as follows:

Item　　　　　： A1 Special

Packaging　　： 25 Kgs per carton

Quantity　　　： 1,500 cartons

Price　　　　　： US$4,300.00 per carton C.I.P. Yokohama

Shipment　　　： September - October, 20XX

It is our lowest possible price and we trust that you will accept it and give us your initial order soon.

　　　　　　　Very truly yours,

● 承諾：accepted

We accept your offer of August 23.

In view of the quotation① prevailing in this market, we feel your price② is rather high. But we are satisfied with the quality and consistency of your product and we can expect a considerable demand for this class of goods.

①quotation：見積もり値段　動詞 quote「値段を建てる」の名詞形。取引数量や支払い条件の違いによって、売買のつど値段が変わることが多い。その値段を quotation という。
②price：「価格・値段」は、一般的な値段のことをいう。

例題9：大意

●確定売申し込み

　当社は取引条件を考察し、それらに何の意義もないという結論に達しました。当社は下記のように8月20日までに当社に貴社の引受が到着することを条件に確定売申し込みをします。
　　商品：AI Special
　　梱包：カートンにつき25kgs
　　数量：1,000カートン
　　価格：横浜までCIP条件でカートンにつき5,000アメリカドル
　　船積：9月～10月積み
　　決済条件：B/L日から数えて30日の電子送金
　当社はこの価格が他の企業の商品と比べて十分に競争しうるものと信じております。貴社のために注文は大変感謝されるでしょう。当社は貴社のご返事をお待ちしております。

●反対売り申し込み

　P＆Jフーズ 株式会社からアサヒ食品株式会社へ
　8月20日
　当社は貴社のAI Specialを1,000カートン、カートンにつき5,000アメリカドルについての確定売申し込みを受諾しました。
　しかしながら、残念ながら当社はその価格で貴社の申し込みを引き受けることができません。貴社に対する当社の反対売申し込みは、以下のごとくです。
　　商品：AI Special
　　梱包：カートンにつき25kg
　　数量：1,000カートン
　　価格：横浜までCIP条件でカートンにつき4,000アメリカドル
　　船積：9月末積み
　貴社が当社の反対売申し込みを引き受けるだろうと期待しています。

● 再度売申し込み

アサヒ食品株式会社からP＆Jフーズ株式会社へ
8月23日
8月20日付の貴社の反対売申し込みにお答えして，当社は下記のごとく当社の最終確認条件付き反対売申し込みをしたいと思っています。

商品：AI Special
梱包：カートンにつき25kg
数量：1,500カートン
価格：横浜までCIP条件でカートンにつき4,300アメリカドル
船積：9月〜10月積み

それは当社のできる限り安い価格であり，貴社がそれを引き受けてくださり，貴社の初期注文をすぐにくださると信じております。

● 承諾

当社は8月23日付の貴社の売申し込みを引き受けます。この市場に出回っている見積もりを見て，貴社の価格はむしろ高いと感じています。しかし，貴社の製品の品質と堅実性に満足しています。そしてこの種類の商品に対しかなりの需要が見込めると期待しています。

3-2-2 価格条件

価格条件を決めるのに，輸出入業者は取引に用いられる表示通貨を決め，取引商品に関する価格表を作成しなければならない。また，貿易価格には，輸出・輸入の採算の基礎となる貿易条件が付記される。定型貿易条件（Trade Terms）とは，売主と買主の費用・危険の分岐点，及び所有権の移転を示す条件である。貿易条件に関する規則は，1932年のワルソー・オックスフォード規則，1941年の改正米国貿易定義，そして国際商業会議所（Int'l Chamber of Commerce）[10]が1936年に，貿易条件を定型化した「貿易条件の

---

10 国際商業会議所：各国の商業及び工業会議所間の連絡・調整機関。1920年パリに本部が設置された。これは商工業全般にわたる国際的な促進と調和の確保を目的として，各国の実業家と団体の協力を結集する強力な国際的連合体である。これらの作業結果としては，「インコタームズ」「荷為替信用状に関する統一規則及び慣例」「複合運送証券統一規則」「仲裁規則」などがある。

解釈に関する国際規則」(Int'l Rules for the Interpretation of Trade Terms) を改定し,独自に策定した統一規則であるインコタームズ (INCOTERMS: Int'l Commercial Terms) などがある。インコタームズは,1956年,1967年,1976年,1980年,1990年,2000年,2010年と近年では,定期的に改定されている。それは,最近の貿易取引の構造変化—航空機の利用増加,コンテナによる複合運送の増加,電子商取引など—に適応するための改定である。

1990年のインコタームズでは,運送人に貨物を引き渡す条件の整備,条件名コードをアルファベット3文字にすることで改正。2000年のインコタームズでは,全部で13条件。それぞれAが売主,Bが買主の義務として規定されており,当事者の義務関係がわかりやすくなっている。2010年度改訂版では,下図のように全部で11条件で,輸出入業者の安全輸送義務を明確化し,Terminal Handling Chargesの費用負担区分を明示した。

EXW	Ex Works	工場渡し (Ex Warehouse:倉庫渡し)
FCA	Free Carrier	運送人渡し
FAS	Free Alongside Ship	船側渡し
FOB	Free On Board	本船渡し
CFR	Cost and Freight	運賃込み渡し
CIF	Cost, Insurance and Freight	運賃保険料込み渡し
CPT	Carriage Paid To	輸送費済み渡し
CIP	Carriage & Insurance Paid To	輸送費保険料済み渡し
DAP	Delivered At Place	仕向地持込み渡し
DAT	Delivered At Terminal	ターミナル持込み渡し
DDP	Delivered Duty Paid	関税込持込渡し

Try9 次の英文メールを訳してみよう!

● 価格の基礎を明確に

In your mail of Aug.10, you quoted us on the XXx. But, you did not state whether these quotations are of the colored or colorless. Please let us know of it. You can make note① that there is a discount available for a large order.

①make note：書きとめる

Try10 次の英文メールを訳してみよう！
●値引き要求

> During the initial period of introducing your products, we will have to expend a great deal of effort, time and money to introduce your goods. We would make it easier and make our prices more competitive and therefore more attractive, if we could have a 10% discount from the list prices on all items.

Try11 次の英文メールを訳してみよう！
●割高

> We regret to inform you that there is a major difference of 6% to 10% in the products of E.U. makers and yours. Not any product can be successful if quoted higher by 6 to 10%.

3-2-3 貿易決済と輸入金融

①貿易決済

　貿易取引の代金決済は，国際間の支払条件の中から輸出業者と輸入業者が選んで取り決める。決済の方法・条件は，支払時期と支払手段との組み合わせによって決まる。支払時期は貨物の船積み時点を中心に考えると，前払い（CWO：cash with order, payment in advance），現金払い（COD：cash on delivery, payment on shipment），後払い（deferred payment），繰延払い

(progressive payment, installment payment)[11]がある。

　支払手段としては，送金為替（Exchange for Remittance）と取立為替（Exchange for Collection），相殺為替（netting）を用いる方法がある。

　信用状付荷為替手形（Documentary Bill of Exchange with L/C）は，信用状という輸入地銀行の支払保証がついているもので，荷（Documentary）という担保物権，実際には船積書類（Shipping Documents）を付帯した為替手形である。

　また，信用状なし荷為替手形には，支払渡し（D/P：Documents against Payment）と引受渡し（D/A：Documents against Acceptance）がある。これは，信用状発行銀行の支払保証がついていない為替手形である。

　現在，対東南アジアに対して，どの決済取引が一番利用されているかといえば，まずL/C決済，次に，DP（Delivery Against Payment）決済，これは上に述べてあるD/P決済ではなく，ITの急速な発展に伴って送金ベース決済が増えてきたため，企業側がその便宜上から使い始めた決済方式である。

　従来の外為法に基づいた書類中心の貿易決済は，インターネットによるネットワーク化や新外為法の制定を受け，電子商取引に向けた新たな決済方法にむかっている。

②輸入金融

　輸入者に対する輸入金融として，輸入ユーザンス，輸入決済関係準商業手形制度，ハネ返り金融などがある。

　輸入ユーザンス方式として，我が国の銀行が自行外貨資金で融資を行う方式である，本邦ローン。信用状付決済において外国の銀行からユーザンスが与えられる外銀ユーザンス（アクセプタンス）。Shipperの信用により支払猶予が与えられるシッパーズ・ユーザンス。そしてリファイナンス方式がある[注1]。

　輸入決済関係準商業手形制度は日銀の担保貸付対象となる（担保適格手形）。

11　繰延払い：分割払いともいう。例えば，契約時に3分の1，船積み時に3分の1，到着時に3分の1といった分割による支払いの方法である。

注1：輸出者がL/Cに基づき振出す手形は一覧払手形とし，この決済資金調達のためにL/C発行銀行は輸入者に期限付手形を振出させ，手形割引市場から資金を調達し，A/S決済後に冉金融（リファイナンス）を受ける。

日銀から公定歩合で融資を受けた外為銀行が，それを輸入者に融資するという制度である。

　輸入ユーザンス期日から，貨物の国内転売による代金回収までの円資金を融資する制度は，ハネ返り金融という。

例題10 ● 為替手形

　輸出者は船積終了後に輸出代金を支払ってもらうために，為替手形（Bill of Exchange：Draft）を作成する。為替手形とは振出人が名宛人に対して額面金額の支払いを要求する手形のことで，並手形である約束手形に対し，逆手形と呼ばれる。輸出者は信用状取引の場合，信用状の内容どおりに荷為替手形を作成しなければならない。

▶用語説明を参考にしながら訳しなさい。

BILL　OF　EXCHANGE

No.100①

For US$4,000.00②

Tokyo, Japan③ Sept.25, 20XX④

　At 30 days after sight of⑤ this FIRST Bill⑥ of Exchange (SECOND being unpaid)⑦ pay to THE HAPPY BANK, LTD.⑧ or order⑨ the sum of US DOLLARS FOUR THOUSAND ONLY⑩) Value received and charge the same to account of

　ABC Trading CO., Ltd. New York U.S.A.⑪ Drawn under THE BANK OF NEW YORI, U.S.A.⑫

　Irrevocable Letter of Credit No. 300 dated Sept.3.⑬

　To THE BANK OF NEW YORK, U.S.A.⑭

　　　　　　　　　　　　　　　　The Nippon Trading Co., Ltd.⑮

---

①手形番号。送り状番号と同一のものが多い。
②手形金額。算用数字を用いる。

③手形振出地
④手形振出日
⑤At XXXX sight：手形支払い期日。At sight：一覧払，At 30 days after sight：一覧後30日払
⑥this FIRST Bill：第一券
⑦SECOND being unpaid：第二券が支払われないならば
⑧手形金受取人。手形買取銀行名を記入する。
⑨order：指図人
⑩手形金額。文字で記入する。～only：～也
⑪輸入者名。手形名宛人が銀行の場合のみ記入する。
⑫Drawn under～：信用状発行銀行名を記入する。
⑬信用状発行番号及び信用状発行日を記入する。
⑭To～：名宛人。信用状の発行銀行名を記入する。
⑮手形振出人。輸出者名を記入する。

例題10：大意

　　　　　　　　　　為替手形

手形番号
手形金額
日本国　東京　20XX年9月25日

　本為替手形の第一券を一覧払で（第二券に対して支払いが行われていないならば）手形買取銀行またはその指図人に対し，XXXの金額を支払うこと。
　対価は受領済みであり，同金額をニューヨーク州の輸入企業に請求すること。
　本為替手形はアメリカのニューヨーク銀行が20XX年9月1日に発行した信用状300号に基づき振り出されたものである。
　名宛人どの

　　　　　　　　　　　　　　　　　　　　　手形振出人，輸出業者

3-2-4 電子決済

　従来の貿易貨物に対する決済方法として，①送金ベース（OPEN ACCOUNT），②取立ベース，③信用状買取ベース，④決済前払と大きく4つに分ける場合がある。

　今後，世界の貿易決済は，送金ベース即ちOPEN ACCOUNT化が進んでいくことが考えられる。一方この進展に反して，中国などアジアや新興国をのぞいてL/C・ドキュメンタリー決済のウェイトは下がっていくことになるだろう。

　これに対し，従来の紙ベースでの決済方法のマイナス面を改善し，新しい形として出現した，TSU（Trade Service Utility）の重要性があげられる。TSUとは，世界の主要銀行間での決済ネットワークSWIFT[注2]（The Society for Worldwide Interbank Financial Telecommunication）が主導して，外為に強い世界の銀行との間で分析・議論して開発した貿易電子化の仕組み〔ビジネスモデル〕である。これは，従来，世界の銀行間での貿易書類は紙ベースであるが，B/L Crisisが起こったように（p.68を参照のこと），貨物が書類より早く目的地に到着するなど時間がかかりすぎる場合もあった。こうしたことから，企業の物流と資金決済の効率化のためにTSUは，それぞれ迅速化・利便化を追求し，貿易データのドキュメンツチェックの電子化による自動チェックを目標におき，そうした貿易の電子データを通関業者や船会社などの電子化とも相互相乗りできることも考えている。TSUは，貿易の当事者である輸出者，輸入者，輸出者取引銀行，輸入者取引銀行の4者を中心に，まず，銀行間でペーパーレス化し定型のフォームにする。それを電子データにてドキュメンツチェックし，マッチングサービスを行う仕組みである。

　この仕組みを活用し，銀行は企業に，より早く，より簡便なサービスができる。それは柔軟な貿易書類の処理と貿易ファイナンス提供の機会を広げ，また銀

注2：SWIFT（The Society for Worldwide Interbank Financial Telecommunication）
　　全世界で7,000社以上の銀行，金融機関が参加する銀行間決済のための通信サービスを提供する非営利の協同組合。

行自身の事務合理化を可能にさせることになる。また，企業はTSUを使ってSupply Chain Management のいっそうの合理化，ビジネスチャンスのスピードアップなどを可能にする。

　TSUは，貿易電子化商品BOLERO[注3]（Bill of Lading Electronic Repository Organization）と異なり，銀行間の貿易電子化メッセージインフラであり，船会社，通関業者のインフラとも別個のものである。つまり企業はTSUに加盟する必要はないが，企業から銀行への貿易電子データベースは利用可能である。

　TSUにおける決済に向けた新しい流れは，輸出入のL/CベースのTSUがLite L/Cまたはe-L/Cの名称にて，SWIFTの要件を固めており，もうすでに2008年11月からスタートしている。

　2011年にはBPO[注4]（Bank Payment Obligation）という銀行の支払い確約機能を付与した新サービスを複数の銀行が開始することになった。これはL/C取引のL/Cと同様，BPO発行銀行が輸入者の依頼に基づいてTSU上で支払い確約を行うものであり，いわば『電子L/C』的な位置づけである。L/C取引だけでなく，輸入者の支払いリスクをとりつつ輸出者が利用していた一部の送金取引も対象となる。2014年には，ess DOCS Exchange Limited（2005年電子船荷証券（e-B/L）の普及を目的に設立）がSWIFTと提携し２種類の電子貿易取引スキームを発表した。
①電子荷為替信用状（e-L/C）に基づくeDOCSの呈示 – eUCP Presentation
②TSU・BPO取引にe-B/Lを組み入れたスキーム

注3：BOLERO（Bill of Lading Electronic Repository Organization）
　　貿易金融データ交換サービスの名前でもあり，そのサービスを提供する企業名でもある。BOLERO（日本）の親会社はBolero International Ltd.（英）。ここはSWIFTやTT-CLUBが発起人となっている組織で，中立的存在である。
注4：TSU（Trade Service Utility）・BPO（Bank Payment Obligation）
　　世界の主要銀行間の決済ネットワークSWIFTが手動で外為に強い世界の銀行との間で分析・議論して開発した銀行間の貿易電子化の仕組み。

第4章
電子化に伴う契約履行

4-1 ● 船積みと信用状の電子化

4-1-1 船積み

1）在来船

　船積みは輸出業者が契約した商品を契約内容に沿って間違いなく履行することが大切である。輸出者は輸出通関から船積みまでの複雑な手続きを専門業者である海貨業者・通関業者に依頼する。

①海貨業者が船積申込書（S/A：Shipping Application）を船会社に提出すると、船会社ではS/Aと船腹予約リストからS/O（Shipping Order）船積指図書ナンバーを与え、S/Oを発行する。海貨業者は、貨物を港に搬入する。公認検量人（Sworn Measurer）が貨物のWeight, Measurementを書類と照らし合わせ、検量する。

②海貨業者は、S/Oと必要ならば、輸出許可書（Export Permit）を貨物に添えて本船まで輸送する。

③本船では、船会社専属の船内荷役業者（Stevedore：ステベ）があり、本船の一等航海士の指示で貨物の積込みと船倉への積付けを行う。

④本船に積込むときは、検数人（Tally-man）と一等航海士（Chief Mate）の立会いの下、貨物の個数や外装状態をチェックする。船に積込みが終わると、Chief Mateが、本船貨物受取書（M/R：Mates' Receipt）にサインをし、海貨業者に渡す。数など書類と異なった場合、Foul Receipt（故障付本船貨

物受取書）にサインをすることになる。海貨業者がM/Rを船会社に持ち込めば，船会社は貨物の担保代わりとなるClean B/L（無故障船荷証券）を発行する。買取銀行は，船積書類を買取ることとなる。また，Foul Receiptだと，船会社はFoul B/L（故障付船荷証券）を発行することになるので，買取銀行は船積書類を買取ることはできない。この場合，輸出業者は船会社宛に，L/I（Letter of Indemnity：補償状）を差し入れることで，船会社はFoul B/LではなくClean B/Lを発行することとなる。

⑤船会社の発行するB/Lの日付が船積日となる。輸出業者は船積日がはっきりすれば，船積完了ということとなり，その旨を輸入業者に連絡する。これを船積通知（Shipping Notice）という。

2）コンテナ船での船積み

検量後，海貨業者は船積みの手続きを行う。

①手仕舞い書類の作成。輸送形態が，FCL（Full Container Load）CargoやLCL（Less Than Container Load）Cargoの場合，輸出者から入手した船積依頼書（Shipping Instructions）の内容を確認のうえ，オペレーターからドックレシート（Dock Receipt）[注1]を受け取り，コンテナ明細書（Container Load Plan）等の書類を作成する。

②CY,CFSに貨物を搬入。海貨業者は，FCL（Full Container Load）Cargoの場合はバンニングを行い，コンテナをCY（Container Yard）に搬入する。一方，LCL（Less Than Container Load）Cargoの場合は，輸出貨物をトラックに積込んでCFS（Container Freight Station）に持ち込む。OperatorよりDock Receiptを受け取る。

③Loose Cargoの場合。在来船（Conventional Vessel）で船積みする場合，

注1：コンテナ・ターミナルでターミナル・オペレーターが貨物の受渡しをする。現在は，NACCSの普及で，B/L Instructionsを発行。船会社が電子情報に基づいて自社システムにB/L情報を入力。
NACCS（Nippon Automated Cargo And Port Consolidate System）：航空会社，船会社，通関業者，荷主，銀行などの情報の共有化を目的とした，輸出入貨物の通関手続きなどを迅速かつ的確に処理するための税関手続きのコンピュータ化を中心とした官民共同利用のシステムである。

海貨業者は船積申込書（S/A：Shipping Application）を船会社に提出し，S/Oを受け取る。
④本船に輸出貨物を搬入。

3）船積みに用いられる書類
①船荷証券（B/L：Bill of Lading）

　船荷証券には貨物受取証・運送契約書・権利証券・有価証券の性格がある。船荷証券の種類としては，船積船荷証券（Shipped B/L），受取船荷券（Received B/L），記名式船荷証券（Straight B/L），指図式船荷証券（Order B/L），通し船荷証券（Through B/L）などがある。特に，B/Lであると，銀行を巻き込んで決済の保証をさせることが必要となる地域や企業には有効である。

　また，船舶の高速化により，船荷証券の危機（B/L crisis）といわれる，貨物の輸入港到着よりも船積書類の銀行到着が遅れるという事態が生じた場合，銀行の連帯保証を受けた保証状（Letter of Guarantee）が一般的に用いられている。

　また，電子船荷証券（e-B/L）の普及を目的として，2005年 ess DOCS Exchange Limitedが設立された。タンカー，散積み部門，そして定期船産業へと利用拡大され始めている。この普及の結果，輸出者の売上債権回収の大幅早期化と書類内容の瑕疵修正所要時間の短縮化がみられる。

②海上運送状（Sea Waybill）

　相手先が先進国の場合，輸出業者にとって相手先は，信頼感があり，決済の安定性も十分である。更に，コンピュータが導入され取引の回転が速くなり，貨物が船積書類より遅く現地に到着することが多くなればなるほど，企業は，限られた商品を早く受け取りたいためにB/Lを欲することになる。そのギャップを埋めるためにできた，船会社が発行する書類である。ただし，これは船荷証券のように貨物を担保とした有価証券ではなく，流通性がないが，迅速化を要求されている現在では急速な増加を遂げている。このことは，便宜性だけでなく裏づけする保証のことも，同時に考えなければならない課題の一つである。

③航空運送状（Air Waybill）

航空貨物輸送の取扱量も年々増加している。航空貨物輸送は航空貨物代理店により手続きが行われ，航空運送状が発行される。これは，運送契約を結んだ証拠となる書類，運送品の受領証，運賃の請求書，税関申告時の書類などの役割がある。

航空運送状は船荷証券と異なり，有価証券ではなく譲渡性・流通性を持っていない。そのため，航空貨物の場合は，荷受人を信用状の発行銀行とし担保の安全を図っている。

④サレンダードB/L（Surrendered B/L）

貨物の引き取りにB/Lの到着が間に合わない場合に利用される。本船が出港しB/Lが発行された後，荷送人の依頼により，船積地の船会社が荷送人の白地裏書のあるオリジナルB/L全てを回収する。船会社は回収したB/Lにその旨を証明する"SURRENDERED"の記載をする。

このように一度発行されたB/Lを荷送人が裏書して船会社に返却することをB/Lの元地回収といい，荷送人に返却されたB/LのことをサレンダードB/Lと呼んでいる。ただし，これは条約などで規定されたものではないため，事故が発生した場合紛争解決に問題が生じやすい。

4-1-2 信用状

信用状の基本的分類は以下のようである。
・スタンドバイ信用状[12]（Sand-by Credit）
・取消不能信用状（Irrevocable Credit）
・確認信用状（Confirmed Credit）
・譲渡可能信用状（Transferable Credit）
・買取銀行指定信用状（Special Credit）
・回転信用状（Revolving Credit）
・後日支払い信用状（Deferred Payment Credit）

なお，この他にも，同じ信用状でも取扱い上の区分や機能の違いによって様々な名称で呼ばれる信用状がある。

12　スタンドバイ信用状：通常の貿易取引ではなく金融や債務保証のために用いられる信用状である。

また，従来のL/C決済に対して，ペーパーレス中心の電子商取引に向けて，電子決済上に使用されるL/CをLITE L/C（電子信用状）と呼び，前者と区別し始めている。

　国際商業会議所は，1933年に国際間にまたがる貿易取引の信用状取引における国際ルールを制定した。現在は2007年に改定された「荷為替信用状に関する統一規則及び慣例」（UCP600：The Uniform Customs and Practice for Documentary Credits, 2007 Revision, ICC Publication No.600）を用いている。

　ただし，スタンドバイ・クレジットの場合は，荷為替信用状のように貨物に対する信用状でなく，金融や債務保証のために用いられる信用状であるので，国際ルールとして一般的に，ISP（International Standard by Practice）の規定を用いている。

信用状の分類

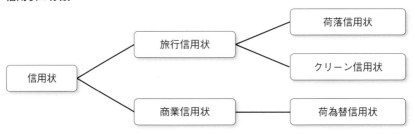

Try12 次の英文メールを訳してみよう！

●発注とL/C開設

　We have the pleasure of attaching our Order Sheet① No.33. We trust that you will find particulars of our Order all in the right.

　In order to cover this order we have instructed our bankers to open an irrevocable L/C② in your favor③ for the value of $4,000 available till④ Sept. 3, and you will be duly notified⑤ of it through their correspondent at Tokyo.

These goods are urgently wanted, and therefore we ask you to ship them by a first available vessel.⑥

　Please see that the goods are exactly equal to the quality of your samples and that they are carefully packed to ensure their safe arrival at this port.

　We trust you will execute this initial order in strict accordance with the instructions we have given in the Order Sheet enclosed, while you may be rest assured that once this initial shipment turns out satisfactory in all respects we are sure to place reorders with you.

①Order Sheet：注文書
②to instruct our bankers to open an L/C：信用状を開設するよう取引銀行に指図する
③in your favor：貴社を受益者とし
④to be available till 〜：〜まで有効な
⑤to be duly notified：正当に通知される
⑥a first available vessel：第一便船

例題11 ●信用状その1

▶用語説明を参考にしながら訳しなさい。

　　　　　　　　　　　　　　　　　　　　New York, Jan. 20, 20XX
　　　　　　　　　　Irrevocable Documentary Credit
Beneficiary　　　　　　　　　　　Applicant：ABC Trading Co., Ltd
The Nippon Trading Co., Ltd.
　　1-2-2 Marunouchi
　　Chiyoda-ku, Tokyo 100-0006
Amount：US$4,000.00（US DOLLARS FOUR THOUSAND ONLY）
Expiry　　March 30, 20XX

Gentlemen：
　We hereby issue this Irrevocable Documentary Credit which is available against beneficiary's draft① drawn at _XXXX sight for 100%

invoice value drawn on : THE BANK OF NEW YORK, 10 River Street, New York, N.Y., bearing the clause Drawn under Documentary Credit No. 88712 of the Bank of America accompanied by documents indicated below by x (at least in duplicate unless otherwise specified)

 x Commercial Invoice② indicating merchandise is in accordance with PROFORMA INVOICE NO.30045.

 x Marine Insurance Policy③ or Certificate in duplicate for I.C.C. (A) clause, endorsed in blank for 110% of the invoice value stipulating claims if any payable in U.S.Dollars in U.S.A.

 x __Full set Clean on Board Ocean Bills of Lading made out to order of shipper, blank endorsed, and marked "Freight PREPAID" and "Notify above applicant."

 x __Customs Invoice

 x __Packing List④ in triplicate

 x __Certificate of Origin

 Covering Radio Cassettes Deck Set, CIF, NEW YORK

Bill of Lading⑤ must indicate that the merchandise was loaded on board the vessel not later than March 30, 20XX.

Shipment from TOKYO to NEW YORK

Partial Shipments   Transshipments

__x__Permitted   __x__Permitted

____Prohibited   ____Prohibited

We hereby agree with the drawers, endorsers⑥ and bona fide holders⑦ that drafts drawn in compliance Advising Bank's Notification.

With the terms of this credit will be duly honored AI BANK, LTD. on presentation and that drafts accepted within the terms of this credit will be duly honored on maturity.

 Yours very truly,

① draft at sight：一覧払手形
② Commercial Invoice：商業送り状　PROFORMA Invoice：仮送り状
③ Marine Insurance Policy：海上保険証券
④ Packing List：包装明細書
⑤ Bill of Lading：船荷証券
⑥ endorcers：裏書人
⑦ bona fide holders：善意の所持人

例題11：信用状その1 大意

　当行はこれによって取消不能荷為替信用状を開設します。それはアメリカのニューヨーク銀行で振出された送り状金額の100％に対し一覧払いで振出された受益者の為替手形に対し利用可能である。

　（少なくとも他が規定されない限り写しで）xによって下記に示された書類を付帯してアメリカ銀行の荷為替信用状88712に基づいて振出された条項をつけなければならない。

　x 商品に示された商業送り状は仮送り状30045に一致する。

　x 海上保険証券もしくは証明書2通、ICC（A）条件、白地裏書がされており、アメリカドルで支払われうる損害賠償請求を決める送り状金額の110％に対して付保される。

　x 無故障積込式船荷証券の全組は、荷送人を指図人として作成され、白地裏書済、そして"運賃前払い"、そして"通知先は上記の申込人"と記される。

　x 税関送り状

　x 梱包明細書3通

　x ニューヨークまでのCIF条件で、ラジオカセットデッキセットを付保している原本証明書

　x 商品は3月30日より遅くならないように本船の船上に積込まれると船荷証券は示されなければならない。

　船積みは東京からニューヨーク

　分割積みと積替えは、許可されている。

　当社はここに為替手形は通知銀行の通知に従って振出したことを、振出人、裏書人、及び善意の所持人に対し約束する。この信用状の条件で、呈示されるAI銀行に正式に引き受け支払いされるでしょう。そして、この信用状の条件内で引き受けられたその為替手形は、満期日に正当に引き受け支払されるでしょう。

例題12 ● 信用状その2

▶用語説明を参考にしながら訳しなさい。

20XX
The Nippon Trading Co., Ltd.
1-3-2 Marunouchi
Chiyoda-ku, Tokyo 100-0012
Japan

Dear Sirs,

We are instructed by our office at Boston to advise you that they have established their irrevocable L/C No. 21 without recourse in your favor for account of The Hirary Music Co., Inc., Boston for sums not exceeding U.S. $80,000. say eighty thousand only in U.S. Currency, available by your draft drawn at 60 days after sight on our office at Boston to be accompanied by :

Signed Commercial invoice in triplicate
Insurance Policy in triplicate
Packing List in triplicate
Full set of clean on board prepaid bills of lading made out to order, endorsed in blank and notify accountee evidencing shipment from Japan to Boston of 200 dozen of DVD Sets C.I.F. Boston.
Shipment must be effected not later than Apr. 30, 20XX
Partial shipments are not allowed.

Draft[①] must bear the clause "Drawn under The Bank of Boston Ltd. Boston, Irrevocable L/C No.21 dated Jan. 23, 20XX".

The said bank engages with you that all drafts drawn under and in compliance with the terms of this credit will be duly honored on delivery of documents as specified if presented at this office on or before July 30, 20XX.

This credit is subject to <u>Uniform Customs and Practice for Documentary Credits</u>[②] (2007 Revision), International Chamber of Commerce, Publication No. 600.

Yours very truly,

①Draft：為替手形
②Uniform Customs and Practice for Documentary Credits：荷為替信用状統一規則

例題12：信用状その2 大意

　当行は同社が80,000米ドル（文字で八万ドル。当ボストン支店宛に，一覧後60日払いで振出された貴社の為替手形によって有効とされる。）を超えない金額で，ボストンのヒラリー音楽株式会社の勘定で貴社を受益者として，償還権なしの取消不能信用状21番を開設したということを貴社に通知するように，当行のボストン支店によって指図されます。
　サインされた商業送り状3通
　保険証券3通
　梱包リスト3通
　白地裏書がされており指図人式無故障積込式船荷証券として作成されたもの全組で，通知先が払込人，運賃前払いと書かれており，ボストンまでのCIF条件でDVDセット200ダース，船積みは少なくとも4月30日までにボストンに向けて東京から船積みしたことを証するもの。分割船積みは許可されない。
　為替手形は"1月23日付のボストンのボストン銀行の取消不能信用状21に基づいて振出された"という記載がなければならない。
　上記の銀行はこの信用状の条件に基づいて，また一致させて振出された全ての為替手形が7月30日にもしくは以前にこの支店で呈示されるならば，書類の引渡しに対して正当に引き受けされることを約束します。
　この信用状は『信用状統一規則』（2007年改定）国際商業会議所公表No.600に準拠している。

4-2 ● 通関の規制緩和

　2011年度税制改正大綱のうち「保税地域などに貨物を搬入した後に行うこととされている輸出申告を,貿易円滑化のため,適正通関を確保しつつ,保税地域などへの貨物搬入前に行えることとする」の部分が改正され,同年10月から実際に適用開始となった。これにより,貨物がどこにあろうと,そのまま,輸出者は税関の通関情報処理システムNACCSに申告することができるようになった。特に混載貨物についても保税搬入前の申告が認められるようになった点である。例えば,あるフォワーダーが市内の自社配送センターのような場所があれば,そこに混載貨物を集めて逐次,Air-NACCSに申告し,同時にそこでビルドアップして,そのまま空港にもっていき,航空機に搭載するだけという方式も可能になり,トータルなリードタイムの短縮につながる。

　AEO (Authorized Economic Operator) 制度とは,セキュリティ強化と貿易円滑化を両立させる手目税関が導入した特定(認定)業者制度で,既定の安全基準を遵守していると税関が認定した輸出入業者,運送業者,倉庫業者などに対して,税関手続きの簡素化やセキュリティ関連の優遇措置を与えるもの。例えば,特定輸入業者,特定輸出業者,特定運送業者,特定保税倉庫・工場業者,認定通関業者,認定製造業者などのようなAEO業者がある。この業者の場合,今後は「申告,そのまま検査パス,輸出許可」となる。

　同年7月から導入した「申告官署の選択制」も通関申告場所の規制緩和の一つである。これは,AEO認定通関業者に限られ,Air-NACCS利用が必須条件であるが,下記の官署のうち自分にとって都合のいい官署を一つ選んで,その一官署に輸出入申告すればいいということである。①東京税関本署,②羽田税関支署,③東京航空貨物出張所,④成田航空貨物出張所,⑤成田南部航空貨物出張所。

　次に,ハードにかかわる税関手続きの規制緩和も実施された。①国際専用の貨物コンテナ─ULDを国内線で利用するとき,あるいは逆に国内線用コンテナを国際線航空機に搭載して使う時の税関手続きを簡素化する。②国内線航空機を国際線で使い,その逆に国際線航空機を国内線で飛ばす際の"機材資格変更"の手続きも簡素化した。

また，2014年3月施行の「日本版24時間ルール」関連法案は，輸入貨物セキュリティ対策であり，これは米国やEUなどで導入された制度と基本的に同じものである。ただし，日本では海上コンテナ貨物だけが対象である。そして，これまでの「書類手続き」に変え，「電子手続」が新しい原則になる。この基本原則の変更による影響は広範囲に及び2017年のペーパーレス化に加えて関連業務の電子化に向けて様々な可能性を促すことにもなる。海運では通称"24時間ルール"，航空では"4時間ルール"と呼び慣わしている「事前電子申告制度」についても，「日本版の事前申告4時間ルール」が導入される可能性もある。

　下記は，保税地域の種類である。
①指定保税地域（Designated Hozei Area：DHA）
②保税蔵置場（Hozei Warehouse：HW）
③保税工場（Hozei Manufacturing Warehouse：HMW）
④保税展示場（Hozei Display Area：HDA）
⑤総合保税地域（Integrated Hozei Area：IHA）

4-3●国際物流から総合物流

　従来のような「船，航空機，トラック，鉄道」別に特化した物流業は，世界のグローバリゼーション化の流れの中で，競争し，生き抜くのは大変なことである。そこには地球規模でのヒト，モノ，カネの最適再配分が必然的なものになる。そのために企業は，サプライ・チェーン・マネジメントの概念に基づきながら，世界各市場にフィットした商品を，世界の中で最適で最低廉な生産地で製造し，物流ネットワークを構築することで在庫を最小限にとめられるようにする。即ち，商品の世界的な流れをジャスト・イン・タイムで管理することがこれからの物流業者には総合物流業者（Total Logistics Provider）として，求められるのである。世界各国の「規制緩和」の進展と，IT（Information Technology）の発達で，総合物流（Total Logistics）が可能となる。

従来の海上輸送の場合，生産者から荷主倉庫まで輸送するのに，生産（生産業者）―内陸輸送（トラック業者）―輸出倉庫（倉庫業者）―輸出通関（通関業者）―船積手配（船積業者）―船会社（海上輸送）：：：―輸入通関（通関業者）―輸入倉庫（倉庫業者）―内陸輸送（トラック・鉄道会社），これらの業者全てに書類作成が必要であった。
　それが総合物流になると，荷主は，注文書をe-メールで各生産者と総合物流業者に送るだけで全関係業者に全必要情報がペーパーレス，リアルタイムで行き渡るようになる。全ての情報がリアルタイムで共有されるので関係者全てが瞬時に荷物の所在も共有できる。
　総合物流業者となると，相手国の内陸輸送から荷主の倉庫搬入まで次のように，一貫処理｛内陸輸送（通関，船積み）―輸出倉庫（倉庫）―海上輸送―輸入通関（倉庫）―鉄道，内陸（トラック輸送）｝することができる。この仕組みの完成は，通関，港湾などの官のシステムがこれに対応できるようになったからである。
　航空貨物業界では，貨物集荷能力から見て本来的にノン・アセットのフォワーダーの力が強かったが，それを崩したのがトラック小口配送から出発したUPS（United Parcel Service）と，航空貨物から出発したFedexである。ともに数百機のジャンボ型貨物専用機と数千台のトラックを擁し，自社集荷（主としてフォワーダーの仕事）を行い，自社機で運ぶ（アセットキャリアーの仕事）[13]をしている。UPSは海上輸送（ノン・アセットキャリアー）[14]も行っている。
　（日本郵船株式会社顧問目黒征爾著 Global Angle2007「グローバリゼーションと国際物流」pp.11〜14）

　これからは，アセットで競争する時代から，アセットを超えたネットワークの地位からで勝負する総合物流の時代に入ったといえる。即ち，自らが保有するハードアセットを超えて，陸海空物流全てを買収，提携などでそろえ

13　アセットキャリアー：輸送機器―船，航空機，トラックなどを保有する企業。
14　ノン・アセットキャリアー：輸送機器を保有しないで物流ネットワークを組み立てる企業。

総合物流業としてグループ・ネットワークで競い合う時代が到来した。これからは，ITシステムの優劣が物流企業の競争力を決めることになり新たな競争が繰り広げられるだろう。

Try13 次の英文メールを訳してみよう！

● コンテナ船手配

> With reference to the shipment of your order for our Parts of Air Craft, we have already taken the necessary procedures for arranging to ship your order on board① the C/S Victory② which is scheduled to sail from Tokyo on③ October 7.
> We will do our best to carry out your shipping instructions.
> Sincerely yours,

①on board：〜号で
②the C/S Victory：コンテナ船ビクトリー号
③which is scheduled to sail on〜：〜日に出港が予定されている

Try14 次の文を英文メールにしてみよう！

● 船名未詳

> ニューヨーク行きの第一船便に，一番安い船賃でこの商品を船積みしてください。当社は海上保険の付保準備があるので，どうぞすぐに船の名前と出港日をお知らせください。

15 インテグレイテッド・キャリアー・インテグレイター：陸海空のアセットとノン・アセットの両サービスを提供する企業（まだ総合物流業者ではない）。

Try15 次の文を英文メールにしてみよう！

● 信用状の有効期限延長

> 今月の港湾ストライクのために，当社は決められた日までに貴社の注文を船積みすることはできません。このような状況下で，メールで貴社にお願いしたように，3月25日まで信用状を延長することに同意してくださることを望んでいます。

Try16 次の英文メールを訳してみよう！

● B/L の指図

> Bills of Lading must be made out "to order of① shippers", and marked "Notify② XYZ Ltd. New York" and "Freight Collect③". Freight is payable at your head office.

①to order of：指図人として
②Notify：通知先
③Freight Collect：運賃着払

第5章
海上保険と貿易保険

5-1 ● 海上保険と航空貨物保険

　商取引を行う時には，売手・買手は同一地点で同一時間に商品と代金を交換できることが理想である。それが貿易取引の場合は，売手と買手の距離が離れているので時間的にも同時交換は無理である。そのために荷主である輸出入業者は，貨物にトラブルが生じた時すぐに損害金を得られるように保険契約を保険会社と結ぶことになる。

　現在保険証には，表示方法が複雑な旧保険証券と1982年に英国で制定された，形式や用語はシンプルでわかりやすくなったが，その内容の裏づけが理解しがたい新保険証券がある。保険条件の内容は，損害程度とその危険程度をどのように担保するかである。その基準となる損害程度は，以下の表のように表される。

```
全損 (Total Loss)
 ┌ 現実全損 (Actual Total Loss)
 │ 推定全損 (Presumed Total Loss)
 └ 構成全損 (Constructive Total Loss)
分損 (Partial Loss)
 ┌ 共同海損 (General Average)
 └ 単独海損 (Particular Average)
```

全損とは，保険契約された貨物の全価値が失われることであり，その損失の状態によって3つに分かれる。分損とは，その貨物の一部の価値が失われることである。共同海損[16]とは，船舶・人命・全貨物が共同危険に遭遇した時，一部の貨物を投げ荷などして全体の危機を救った時，犠牲になった貨物の損害程度を全荷主が按分負担[17]をすることである。単独海損とは，一部の貨物が損害を受けることである。

　これらの損害程度とその危険程度を担保するのに下記のような種類がある。そして，これら種類には，前述したように旧約款と新約款がある。

　旧約款は以下のようである。

通常担保　海上固有の危険に対して付保
　全損のみ担保 Total Loss Only
　　　＊全損だけ付保される
　単独海損不担保 Free From Particular Average
　　　＊単独海損だけが付保されない
　単独海損担保 With Particular Average
　　　＊全損・分損全部に付保される

特約担保　人間的行為や貨物の性質による危険付保
　　＝特殊危険 Special Risks
　　　（ex.盗難，抜荷，不着，雨濡れ，淡水濡れ，汗濡れ）
　全危険担保 Against All Risks
　　　＊全損・分損全部に特殊危険を含む

特別約款　戦争危険 War Risks，ストライキ，暴動，内乱
　　＝ SRCC（Strikes, Riots and Civil Commotions）

16　共同海損：船舶及び積荷海難に遭遇したとき共同の危険を逃れるために，船長その他のものが，故意かつ合理的に船舶または積荷を犠牲にすることによって生じる海損をいう。

17　按分負担：基準となる数量に比例した割合でモノを割振り負担する。

新約款は以下のようである。
新約款は列挙責任主義をとっている。
ⅰ 協会貨物約款（A）Institute Cargo Clauses（A）
　　　旧約款 Against All Risks に対応
ⅱ 協会貨物約款（B）Institute Cargo Clauses（B）
　　　旧約款 WPA（単独海損担保に対応）
ⅲ 協会貨物約款（C）Institute Cargo Clauses（C）
　　　旧約款 FPA（単独海損不担保に対応）
ⅳ 戦争約款（暴動，市民革命なども含まれている）
ⅴ Strike 約款（主として港湾ストライキなど）

例題13 ● 海上保険手配

▶用語説明を参考にしながら訳しなさい。

We have today arranged with an approved underwriter[1] to make insurance on the goods you ordered from us.
The goods are insured for US $4,000.00 subject to I.C.C.[2]（B）.

---

①underwriter：保険業者
②I.C.C.(B)：協会貨物約款（B）

例題13：大意
　当社は今日，貴社が当社から注文された商品に付保するために承認された保険業者に手配した。その商品はICC（B）の条件で4,000ドルで付保されている。

5-2 ● 貿易保険[18]

海上保険と貿易保険それぞれの特徴として以下のことがあげられる。
①海上保険は貨物の危険（損害）を保険会社が填補する保険である。
②貿易保険は，一企業である保険会社が保険者となることが困難であるため，多くの国で政府が制度として行っている。

貿易保険は，契約当事者の責任にならないような不可抗力を原因とする非常危険と，契約相手の責任となり得る信用危険と，企業が商行為を行う場合に伴いその企業自身の責任となる企業危険等に填補される。その他の保険としてPL保険やFOB保険などがある。貿易保険は輸出や海外投融資で生じる回収リスクなどを保証する保険で，戦争や災害，為替取引の禁止，取引相手先の破産などで，輸出や代金回収ができなくなった場合に適用される。

輸出・仲介貿易にかかわるリスクを填補する保険商品の種類としては以下がある。

1）貿易取引（商取引）の保険

プラント等長期契約を含む全般的な輸出取引において，非常危険や信用危険により発生した輸出者の損失を填補するものである。これは個々の契約ごとに申し込みをする個別保険と一定期間に行う複数の契約を1回の保険で填補するものがある。

①貿易一般保険 ｛ 企業総合保険
　　　　　　　　知的財産権等，ライセンス保険など
②限度額設定型貿易保険
③中小企業輸出代金保険
④簡易通知型包括保険
⑤輸出手形保険：銀行が信用状なしの荷為替手形を輸出者より買取り，その手形が不渡りとなった時の損失を付保するものである。

18　1950年の制度創設以来，政府が直接運営してきたが，2001年4月から独立行政法人・日本貿易保険が保険を引き受け，国が再保険する形に移行した。経済産業省は所管の独立行政法人・日本貿易保険が独占してきた貿易保険業務の一部を民間に開放した。（朝日新聞2005年1月7日）

2）輸入保険

前払輸入保険：日本の輸入者が前払いで貨物を購入するとき，相手方の都合で貨物の輸入ができないうえ，前払金が返還不能となるリスクカバー。

3）投融資保険

①**海外投資保険**：日本の企業が海外に投資を行ったにもかかわらず，非常危険や信用危険の発生で被った損害，例えば，出資・融資・不動産の権利・保証債務などに付保するものである。

②**海外事業資金貸付保険**：日本の金融機関などが，発展途上国の経済開発に関連したプロジェクト事業に対する長期貸付資金が回収できなくなったことなどにより受けた損害を日本貿易保険が填補するものである。貸付金債権，保証債務に対する海外事業資金貸付保険がある。

③**資源エネルギー総合保険**：日本企業が資源エネルギーの安定供給および権益確保に貢献するプロジェクト等に対して行う貸付または出資等の償還不能等のリスクカバー。

第6章
クレームの処理

6-1 ● 貿易クレーム

　クレームとは，通常，貿易取引において発生する苦情や損害賠償請求をいい，運送上と貿易売買契約上のクレームに分けられる。運送上のクレームには，海上運送に伴って生ずる損害請求である運送クレーム（Transportation Claim）と買主が契約された貨物に保険をかける場合，その填補の範囲によって保険会社に対して求償する保険クレーム（Insurance Claim）があり，貿易クレーム（Trade Claim）は，貿易売買契約上のクレームであり，一般的取引条件に関する損害賠償請求が多い。不当クレームあるいは偽装クレームといわれるマーケット・クレームは，クレームを申し立てることを最初から計画的に企むクレームである。また，欧米企業から出される独禁法，知的財産権法などの国内法規違反を理由にしたクレームも増えている。

　クレームの要因としては，①未履行物品売買契約であること，②コミュニケーション・ギャップによること，③契約観の違い，④国際的過当競争のためなどがあげられる。

　もし，クレームが提起されたら，誠意を持って対処すべきであり，自社の不注意ないし過失を是認した場合のクレーム解決のためには，商品の取替え，値引き，賠償金，新規の契約で清算する等の方法が用いられる。しかし，不当クレームに対しては毅然とした態度を示さなければならない。クレームの予防としては，①信用調査の徹底，②徹底的な品質管理，③完璧な契約書の作成，④クレーム・法務対策が必要となる。

6-2●国際商事紛争

　クレームに対する双方の主張が折り合わない場合は，当事者だけで解決するのは難しくなり，商事紛争（commercial dispute）へとエスカレートすることが多い。一般に，クレームや商事紛争が発生した時の対処としては，まず，当事者同士の和解（compromise）や第三者の斡旋人がアドバイスを与える斡旋（intercession）をしてみる。それが不可能であれば，両者の関係企業・機関に中に入ってもらい，調停（conciliation）を行う。それでもだめな場合は，公的第三者，例えば仲裁協会など仲裁機関に間に入ってもらい解決する。商取引の場合はほとんどこの段階で決着をつけるようにしている。これを仲裁（arbitration）という。仲裁の長所は，①仲裁人は国際ビジネスに精通した専門家のための実際的な解決策でがやすい，②審理が非公開，③手続きが簡単，費用が安い，④裁判のように感情のしこりが残りにくい，⑤１回の仲裁で判断が確定，⑥強制力がある，等である。最後には，訴訟（lawsuit）による裁判等がある。訴訟による判決の効力は強大であるため，商取引の場合には，よほど相手が悪質か，もしくは，こじれない限りあまり裁判で白黒の決着を付けないほうが，後の取引を考えるとよいだろう。

例題14●クレーム提起

▶用語説明を参考にしながら訳しなさい。

> 　We regret to inform you that 5 cartons of 300 cartons of your first shipments arrived <u>in a badly damaged condition</u>①. The carton Nos. are 3, 7, 11, 13 & 15. These cartons were heavily crushed. It looks as if some heavy cargo had <u>fallen on it</u>②.
> 　The matter is now put <u>under survey</u>③, and we will send you e-mail again when the details have been clarified.

①in a badly damaged condition：ひどい破損状態で

②to fall on it：その上におちかかる
③under survey：鑑定中

例題14：大意

　貴社の最初の積荷の300カートンのうち5カートンがひどい破損状態で到着したことを残念ながらお伝えします。このカートン番号は，3, 7, 11, 13, 15です。これらのカートンはひどく壊れていました。あたかも重い荷がその上に落ちたかのごとく見えます。この件は今や鑑定中ですので，詳細がはっきりしたとき再び貴社にメールをお送りするつもりです。

例題15 ●クレーム回答

▶用語説明を参考にしながら訳しなさい。

　　We deeply regret to learn from your e-mail of the 5th October that some of our shipments against your Order No. 1 were heavily damaged.

　　Upon tracing our records①, we found that inexperienced freight forwarders handled roughly at the beginning of their work of vanning these cartons into the containers.

　　We are very sorry for this carelessness on our part. In order to adjust your claim of this time, we would like either to send you 5 cartons for replacement as soon as possible or to give you a special allowance② of 20% off the price for these 5 cartons.

　　Please accept our sincere apologies for the inconvenience we have caused you and let us know which of the above two adjustments is preferable to you.

---

①Upon tracing our records：当方の記録を調べてみたところ
②allowance：値引き

例題15：大意

　当社は貴社の注文品1に対する積み荷のいくつかがひどく壊れたということを，10月5日付のメールから知って残念です。当方の記録を調べてみたところ，未経験のフレイトフォワーダーが，コンテナにこれらのカートンを搬入する仕事の始めに手荒く取り扱ったとわかりました。当社はこちら側の不注意を謝ります。このたびのクレームを解決するために，できるだけ早く，代わりの5カートンを貴社に送るか，これらの5カートンの価格を20%値引きするか，どちらかにお願いします。当社が貴社に起こしたご不便を心から謝ります。そして上の2つの解決のどちらか良い方を知らせてください。

Try17 次の英文メールを訳してみよう！

●台風のため船積遅延

It is regrettable to inform you that a terrible typhoon recently struck this part① of the country has made it impossible for us to ship the goods of our Order No.25 by 10th Sept. as arranged.

①strike this part：この地方をおそう

例題16 ●保険会社と交渉

▶用語説明を参考にしながら訳しなさい。

We regret to learn from your mail of Dec. 23 that our shipments by the C/S Queen-Mother arrived in a damaged condition. As the goods were packed with the greatest care, we can only conclude that our shipments was stored or handled carelessly in the course of transit. We

> must, therefore, disclaim① all liability in this case, and in support of this statement② we would point out that we hold a copy of clean B/L. Under the circumstances, we would suggest that you lodge③ your claim with the Insurance Company at your end.

①disclaim：全てに責任なしとする，否認する
②in support of this statement：この申し出の証拠として
③to lodge：（損害賠償を）提起する　＝to make =enter=lay=file=advance

例題16：大意

　Queen-Mother号に積み込まれた当社の積荷は壊れた状態で到着したことを12月23日付のメールで知り残念に思っております。その積荷は十分な注意をもって梱包されていましたが，当社の積荷が輸送中に不注意に保管され，取り扱われたと結論付けました。それゆえ，この件における全ての責任を否認します。そして，当社の指この申し出の証拠として，当社は無故障船荷証券のコピーを手にしていることを指摘しておきます。この状況下では，貴社側で，保険会社に貴社のクレームを提起することをお勧めします。

例題17 ● 損害賠償を承諾

▶用語説明を参考にしながら訳しなさい。

> As we have just mailed to you, we exceedingly regret to find that, owing to a mistake in the packing department, the wrong goods① have been airfreighted to you. We confirm you that such a matter has never happened to us before, as the utmost care has been used. And this case occurred now only by reason of a figure being misread by a new clerk who missed the packing orders.
>
> 　Please debit② our account with any expenses incurred on this case at our account, while we will airfreight the correct goods by the next available carrier.

①wrong goods： 相違品
②to debit： 経費を当社勘定借方へ記入する

例題17：大意

　先に貴社にメールしましたように，梱包部のミスによって相違品が貴社に配送されたことがわかってとても残念です。細心の注意を払っておりますので，このような件は以前当社には決して起こらなかったことを確信しております。そして，この件は新入社員が荷造り注文書をミスし，数量の読み違えをしたため起きてしまいました。この件に起こったいかなる費用も当社の勘定借方へ記入してください。一方，当社は次回の利用可能な飛行機で，正しい商品を航空便で送るつもりです。

第7章 企業内でのビジネス英語

7-1 ● 社内の動き

7-1-1 ウェブ上での人材募集（社内，社外からの応募）

背景説明

ピーターズ＆ジョンソンズ社は研究部門で欠員が生じた為，同社のウェブサイト上で次のような人材募集を行った。同社では人材は常に広く募集する中から最適と思われる人を選ぶことにしており，この募集に対しては社外の人は勿論，同社の社員でもそのポジションに応募することができる。

例題18 ●

▶用語説明を参考にしながら訳しなさい。

Product Clearance Coordinator[①]

Peters & Johnsons Pty. Ltd. is Australia's largest manufacturer, importer & distributor of agricultural machinery and implements[②].

We currently have above full time[③] position available within the Laboratory Department at Peters & Johnsons Pty. Ltd., Sydney Head Office.

Responsibilities include but not limited to the following：
- Clearance of finished products in accordance with our company policy.
- Liaise^④ with various Departments including branch offices with regard to products clearance.
- Collating^⑤, analyzing & processing.
- Pre-requisites^⑥（previous skills and/or experience）：
- Understanding of quality control systems or laboratory environment would be an advantage.
- Strong computer skills（SAP and/or LIMS experience preferred）
- Highly motivated
- Demonstrated ability to manage individual responsibility
- Strong interpersonal^⑦ skills and demonstrated commitment to teamwork
- Must be able to work unsupervised^⑧.

　The position reports to Laboratory Manager.
　Salary will be negotiated with the successful applicant.

Please send resume^⑨ to：
　　David Graham
　　Laboratory Manager
　　Peters & Johnsons Pty. Ltd.

Email to david.graham@paj.com.au
Application close：Friday 21st August, 20XX

①Product Clearance Coordinator：製品出荷許可責任者　clearance：（製品の品質を確認して）出荷の許可を与えること　coordinator：調整する人，まとめ役，責任者
　この会社は農機具を製造，輸入，販売しているが，社内基準に従って検査をして合格した製品のみを国内市場向けに出荷している。
②agricultural machinery and implements：農機具　machineryは通常は単数扱いで機械，機器　a piece of machinery：1台の機械　implement：道具，用具，器具　writing implements：筆記用具
③full-time：常勤の，専任の　a full-time teacher：専任教師（反対語：part-time 非常勤の）
④liaise：連絡を付ける，連携する　His job is to liaise between students and teachers. 彼の仕事は学生と教師の間の連絡を保つことだ。　liaison office：連絡事務所
⑤collateは情報を集めて分析する，順序正しくまとめる，つき合わせる，照合する。A

book collated by Mr. Williams：ウイリアムズ氏校訂の本
⑥pre-requisites：前もって必要なもの，前提条件，必要条件　（類語：requirement　要求，必需品）　A visa is still a prerequisite for travel in many countries. 査証は今なお多くの国で旅行には持っていかなければならないものである。
⑦interpersonal：個人間の，人間関係の　interpersonal skills：人付き合いの技術　complicated interpersonal bonds：複雑な個人間のきずな
⑧unsupervised：監督（管理）されていない　supervise：監督する，管理する，指図する　A floorwalker is a man who supervises sales people and directs customers in a store. 売り場監督とは店員に指図し，店内で顧客の案内をする人のことである。
⑨resume [rezjumei]：履歴書，身上書（curriculum vitae, CV），レジメ，要約

例題18：大意

製品出荷許可責任者

　ピーターズ＆ジョンソンズ社はオーストラリア最大の農機具の製造，輸入販売業者です。弊社はシドニー本社の研究所部門で上記の常勤ポジションに人材を募集しています。そのポジションの責任範囲は次のポイントを含みますが，これだけに限定されるものではありません。

- 弊社の方針に従って最終製品の出荷許可を与えること
- 製品の出荷許可に関して支店を含む様々な部門との連絡を保つこと
- データを照合，分析，処理すること

必要条件　（以前の技能及び／あるいは経験）

- 品質管理システムあるいは研究所の環境に対する理解があれば有利
- 優れたコンピュータの技能（SAP及び／あるいはLIMSの経験があれば好ましい）
- 勤労意欲が充分にあること
- 個々の責任を管理する能力が証明できること
- 人間関係における優れた技能とチームワークへの強い関心
- 監督されていなくても仕事ができること

　製品出荷許可責任者は研究所の所長に報告する。
　採用が決定した応募者とは給料の交渉が行われる。

履歴書をピーターズ＆ジョンソンズ研究所所長，デビッド・グラハム宛に送ってください。
Eメールは次のアドレスへ
応募締め切り　20XX年8月21日（金）

Try 18 次の英文を訳してみよう！

We believe there is a great deal of potential in young Australian students, therefore we are currently offering an exciting career opportunity for a few students to receive support to undertake cadetship at our laboratory. This cadetship is open to such subject areas as Science, Food Science & Technology, Engineering, just to name a few.

7-1-2 採用辞令

背景説明

研究所部門の人材募集に対して社内外からかなりの応募があった。選考の結果、社内からソニア・ジョーンズが選ばれ、次のような辞令が社内で発表された。

例題19 ●

▶用語説明を参考にしながら訳しなさい。

Organisational Announcement[①]

It is with much pleasure that I announce the appointment of Sonia Jones to the position of Product Clearance Coordinator of our Laboratory Department.

Sonia has a Bachelor[②] of Applied Science (Biotechnology/Food Technology) from Sydney University and commenced her employment[③] with Peters & Johnsons as Quality Officer[④] in the Quality Assurance Department in October 20XX. Since this time, Sonia has undertaken[⑤] a number of quality roles at QA[⑥] Department, and is currently in a technical support role at the Technology Department.

Sonia will manage the day-to-day operation of the Sydney Head Office

Laboratory and will report directly to Laboratory Manager.

Sonia will commence her role at Laboratory Department on Monday 4th December, 20XX, and I trust you will join me in welcoming⑦ Sonia to her new role.

David Graham
Laboratory Manager

①Organisational Announcement：直訳すれば「組織に関する発表」ということになるが，ここでは辞令のこと。この会社では人の採用や社内の人事異動があった際に，新しいスタッフの個人的な紹介も兼ねてその部門の責任者がこの様な形で発表している。尚，「組織」を意味する単語のスペリングは米国式ではorganizationとなるが豪州では英国式なのでorganisationとなる。
②bachelor：学士　a bachelor's degree：学士号，独身の男　修士：master　博士：doctor　a doctor of laws：法学博士
③employment：雇用されていること，仕事，職業　seek employment：求職する　be in (out of) employment：職についている（失業している）
④officer：ここでは一般職員のこと。この他に高い地位にある役人，幹部なども指す。Chief Executive Officer (CEO)：最高経営責任者
⑤undertaken：過去分詞，現在型はundertakeで（仕事などを）引き受ける，請け負う
She undertook a big task.　彼女は大きな仕事を引き受けた。
⑥QA：Quality Assuranceの略で（品質管理による）品質保証のこと。QA Departmentで品質保証部。
⑦join me in welcoming ～：（新任者を）私と共に歓迎する。人事の発表ではよく使われる表現。

例題19：大意

　研究所部門の製品出荷許可責任者にソニア・ジョーンズが指名されたことを発表いたします。

　ソニアはシドニー大学で応用科学の学士号（生物工学，食品技術）を取得し，20XX年にピーターズ＆ジョンソンズ社に入社し，品質保証部の品質担当者として仕事を始めました。それ以来，彼女は品質保証部で多くの品質に関する仕事を手掛けており，現在は技術部で技術補助の役割を果たしています。

　ソニアはシドニー本社の研究所では，日々の実務を担当し研究所の所長に直接報告します。

　ソニアは20XX年12月4日（月）より研究所部門で仕事を始めます。

そして皆様も私と一緒に，新しい役割に就くソニアを歓迎していただけるものと信じています。
デビッド・グラハム
研究所所長

Try19 次の英文を訳してみよう！

> Bill's immediate objective will be to take responsibility for the implementation and management of an energy & greenhouse gas emissions reporting system across the company, in order to meet our obligations under the National Greenhouse and Energy Reporting Act as a precursor to the imminent Australian emissions trading scheme.
>
> Please join me in welcoming Bill to our company and please provide Bill with your full support in what will be a challenging role as we make our way into a lower carbon economy.

7-1-3 メールによるセミナー及びレセプションへの招待

背景説明

　ピーターズ＆ジョンソンズ社は世界各地の取引先を対象としたセミナーとレセプションをシドニーで開催することになった。そこで東京の取引先であるアサヒ機械の田中部長に次のような招待状を送った。

例題20 ●

▶用語説明を参考にしながら訳しなさい。

> Dear Mr. Tanaka,

We would like to sincerely invite you to our seminar underline(followed by)①
Reception to be held in Sydney on 20th November, 20XX.

Please find details underline(as attached)②.

We would appreciate it if you could underline(RSVP)③ and also advise the names and titles of your staff who will be able to attend by 5th November, 20XX.

Please underline(do not hesitate to)④ contact either myself or Cindy Olver for any additional information.

We are looking forward to seeing you then.

Best regards,

Susan Holcomb
  International Business Coordinator
  Agribusiness Division
  Peters & Johnsons Pty. Ltd.

Attachment

Seminar & Reception①

Date & Time : Friday 20th November, 20XX
    14:30 – 15:00   Registration
    15:00 – 18:00   Seminar
    18:30 – 20:30   Reception

  Venue② : Southern Cross Hotel, Sydney Australia
  Tel No.
  Fax No.
  Below is the Web link for maps & further details of the Hotel.
  www.sxhotel.com.au
  Seminar : Carlton Conference Room, 26th Floor
  Reception : Victoria Room, 30th Floor

Proceedings③ :
    15:00 – 15:10   Opening remarks by Mr. Campbell MacNamara

>   15:10 – 16:30   Human Resources Development and Training
>   Program of Peters & Johnsons Pty. Ltd.
>   16:30 – 16:45   Coffee break
>   16:50 – 17:50   Updated Situations of the World Agribusiness
>   17:50 – 18:00   Closing remarks by Ms. Margaret Whitehead
>   Break (Move to 30th Floor)
>   18:30 – 20:30   Reception
>   Opening Speech
>   Toast④
>   Speech by Guest of Honour⑤
>   Closing remarks⑥
>
> Dress code : Business attire⑦
>
> Please RSVP via http://pajpl.au or the attached fax reply sheet by Tue 3rd November.

①followed by：〜が後に続く　The announcement was followed by prolonged applause.　その発表の後に長い拍手が起こった。

②as attached：添付の通り，attachは付ける，添付する　Attached please find a detailed statement.　明細書を添付いたします。attach importance to 〜：〜に重きを置く

③RSVP [á:rεsvi:pi:]　招待の返事を出す　Don't forget to RSVP by Friday.　金曜日までに招待の返事をお出し下さい。Répondez, s'il vous plait（F.=Reply）

④do not hesitate to 〜：ためらうことなく〜する　Please don't hesitate to ask me.　どうぞご遠慮なくお尋ね下さい。

Attachment
①reception：歓迎会，もてなし，接待，応接　They gave the winner soccer team a warm reception at the hall.　彼らは優勝したサッカーチームをホールで温かく迎えた。

②venue：（大会，コンサート等の）開催場所，指定された会場，（事件などの）発生地，現場　Please note the change of venue for the event.　そのイベントの開催場所の変更に注意してください。

③proceeding：（パーティー，式などの）進行，やり方，法的手続き　proceedings：（一連の）出来事，成り行き，議事録

④toast：乾杯，乾杯の提唱，乾杯を受ける人，賞賛の的等　Let's drink a toast to the bride and bridegroom.　新郎新婦のために乾杯をしよう。
He proposed a witty toast at the reception.　彼はレセプションで気の利いた乾杯の挨拶

をした。実際に乾杯の発声をする（propose a toast）時の「乾杯！」は "Toast" とは言わず，"Cheers!" や "Bottoms up" 等の表現を使う。
⑤ Guest of Honour：主賓，来賓，貴賓
　※ honour のスペリングは英国式で，米国式では honor。
⑥ Closing remarks：閉会の挨拶　closing：終わりの，閉会の　remark：所見，意見，感想　この場合の remarks は挨拶のこと
⑦ Dress code：Business attire：Dress code は，服装規定（パーティーなどにどのような服装で行ったら良いのかの指標となるもの）
　この場合は Business Attire（ビジネススーツ）なので，通常のビジネスで着る服で良いということになる。

例題20：大意

田中様

　20XX年11月20日にシドニーで開催されるセミナーとその後に続くレセプションに出席していただきたく，真心を込めてご招待させていただきます。詳細は添付のものを参照してください。

　出欠のご返事を宜しくお願い致します。また，御社から出席していただける方々のお名前と肩書きを20XX年11月5日までにご連絡いただければ幸甚です。さらに詳しいことが必要な方は，私かシンディー・オルバーまでお問い合わせ下さい。当日皆様とお会いできることを楽しみにしています。

　宜しくお願い致します。

スーザン・ホルコム
国際業務コーディネーター
農業関連ビジネス本部
ピーターズ＆ジョンソンズ社

セミナー及びレセプション

日時　　20XX年11月20日（金）
　　　　14:30 – 15:00　受付
　　　　15:00 – 18:00　セミナー
　　　　18:30 – 20:30　レセプション

場所　　サザンクロスホテル
　　　　シドニー，オーストラリア
　　　　電話番号
　　　　ファックス番号

地図などのホテルの詳細は次のウェブリンクへ
www.sxhotel.com.au
セミナー　26階　カールトン会議室
レセプション　30階　ビクトリアルーム

進行　15:00 – 15:30　開会の挨拶　キャンベル・マクナマラ氏
　　　15:10 – 16:30　ピーターズ＆ジョンソン社の人材開発と研修計画
　　　16:30 – 16:50　休憩　（コーヒーブレーク）
　　　16:50 – 17:00　世界の農業関連ビジネスの最新状況
　　　17:50 – 18:00　閉会の挨拶　マーガレット・ホワイト

休憩（40階へ移動）
　　　18:30 – 20:30　レセプション
　　　　　　　　　　開会スピーチ
　　　　　　　　　　乾杯
　　　　　　　　　　主賓スピーチ
　　　　　　　　　　閉会の挨拶

服装規定　ビジネススーツ

ウェブサイト（http://pajpl.au）から，あるいは添付のファックス返信用紙にて11月3日（火）までにご返事をいただければ幸甚です。

例題21

▶次の英文を訳しなさい。

> Invitation to Breakfast Briefing – Beyond the Financial Crisis
>
> We are facing the most challenging economic times seen in many decades. Closer engagement with international markets will enable you to get through the current downturn and build the base for prosperity past the recession.
>
> Attending this breakfast briefing will help you to meet the current challenges, take advantage of opportunities as they arise and grow your business over the long term.

例題21：大意
朝食付き状況説明会への招待―金融危機を超えて

　私達は何十年に一度の最も厳しい経済の時代に直面しています。国際市場により密着して取り組むことにより，現在の下降局面を乗り切り，不況の後の繁栄の基礎を築くことが可能になります。この朝食付きの状況説明会に参加していただければ，現在の困難な状況に対応し，発生する機会を有効に活用して長期的にビジネスを発展させることに役立ちます。

7-1-4 メールでの面談依頼とその後のやり取り

背景説明
　P＆Jフーズ社は豪州政府のEDIプロジェクトに協力してきたが，豪州の税関の人達が来日するのに合わせて日本向け輸出の担当のマネージャーが日本に出張することになった。そこでアサヒ食品に面談依頼のメールを送り，アポイントを取り付けた。輸出担当のマネージャーは帰国後にお礼のメッセージを送り，アサヒ食品の課長はそのメッセージに対して返信した。

例題22 ● 面談依頼
▶用語説明を参考にしながら訳しなさい。

Dear Mr. Matsumoto,

　We are working with our Government regarding the project named "International Trade Single Window Project", which is basically a paperless export documentation - i.e. Invoice, B/L, Packing List, Health Certificate etc. are all <u>sent electronically</u>① rather than by <u>courier</u>②. The

Customs people will visit Japan on this issue in early April, 20XX, and they are asking if they can meet the trading companies and forwarders③ to discuss the EDI④ project. They will also be talking to their counterpart⑤ in the Japanese Government.

Taking this opportunity⑥, I would like to visit Japan for two weeks to accompany the Customs people in the first week and visit the agents & customers of our own business in the second week.

Can you kindly assist us with this project by meeting with us and also setting up a meeting with your forwarders to discuss this new system in the first week?

Upon⑦ your confirmation, I wish to discuss the details including date & time of our visit.

Best Regards

Peter Sanderson
Export Manager
P & J Foods Pty. Ltd.

①send electoronically：電子メール（Eメール）で送信する　When you communicate electronically, all you see is a computer screen.　電子メールで通信している時に、見るのはコンピュータのスクリーンだけである。
②courier：宅配便（の業者），（書類などを）送らせる，運ばせる　The check was dispatched by courier.　その小切手は宅配便で送られた。Your order can be couriered to you in three days.　ご注文の品は3日で貴方のもとに宅配便にて届けられます。
③forwarder：通常は運送業者のことを指すが，ここでは海貨業者あるいは乙仲（乙種海運仲立人）のこと。乙仲は通常，freight forwarder（海運貨物取扱業者）であり，shipping & landing agent（輸出入業務代行業者）であり，customs broker（通関業者）でもある。EDIプロジェクトの話をするにあたって，実際に通関の実務を行っている人達の意見も聞きたいとしている。
④EDI（Electronic Data Interchange）：電子データ交換　主に企業間（B to B：Business to Business）でコンピュータネットワークを利用して情報の交換を幅広く行うもの。ここではEDIのシステムを利用して通関をより迅速に行うことを目的としている。
⑤counterpart：(職責，機能などが) よく似た人（もの）　Our prime minister is the counterpart of your president.　我々の首相はあなた方の大統領に当たる。対照物，副本，写し，2つのものの一方，片割れ

⑥take this opportunity：この機会を利用する　I took every possible opportunity to further this ambition.　私はこの夢を推し進めるために，ありとあらゆる機会を利用した。

⑦upon～：～し次第すぐに　We will remit the amount upon receipt of your invoice.　貴社の請求書を受け取り次第，その金額を送金します。

例題22：大意

松本様

　弊社は豪州政府と共に「国際貿易シングルウインドウ計画」と名付けられたプロジェクトに取り組んでいます。これは基本的にインボイス，B/L，パッキングリスト，健康証明書等の書類が送付されるのではなく全て電子的に送られる，紙を使わない輸出書類のことです。税関の人達が20XX年4月初めにこの件で日本を訪問しますので，EDI（電子的データ交換システム）計画に関する話し合いをするために商社や海貨業者を訪問したいと言っています。税関の人達はまた，日本政府の同格の人たちとも話をします。

　この機会に私は2週間の予定で日本を訪問したいと思います。1週目は税関の人たちに同行し，2週目は独自のビジネスで商社や海貨業者を訪問します。第1週にこの新しいシステムについて話し合うために私共とお会いいただき，また御社の海貨業者とのミーティングを設定してこのプロジェクトを補助していただけますか？

　この予定の確認が取れましたら，日時を含む詳細をお話させていただきたいと思います。

それでは宜しく

ピーター・サンダーソン
輸出マネージャー
P&Jフーズ社

例題23 ●面談後のお礼のメッセージ

▶用語説明を参考にしながら訳しなさい。

Dear Mr. Matsumoto,

　It was nice seeing you again during my recent visit to Japan. I am now back in Australia safe and sound. Thank you very much for all your arrangements and hospitality① extended to us. I have also received following message from the General Manager of the Customs who asked me to pass it on to you.
Quote
　I would like to extend my sincere thanks to Mr. Matsumoto & his team in Asahi Foods Co., Ltd. for taking the time to meet with our delegation②. The meetings with Asahi Foods Co., Ltd. and their forwarders have afforded③ our staff a greater level of understanding than initially envisaged④.
Unquote
　I would also like to express my hearty thanks again for your kind assistance.

Peter Sanderson
Export Manager
P & J Foods Pty. Ltd.

①hospitality：親切なもてなし，歓待，厚遇　We were shown a great deal of hospitality when we visited her.　彼女を訪ねた時に心からもてなしてもらった。
②delegation：代表派遣団，代理人団，委任，委譲　Our club sent a delegation to the rally.　我々のクラブは大会に代表団を派遣した。
③afford：提供する，与えるという意味。Your presence will afford us great pleasure.　ご出席賜れば幸甚です。(招待状等で)
④envisage：予見する，心に描く（visualize）という意味。Can you envisage them cooperating?　彼らが協力しあうなんて考えられますか？

例題23：大意

松本様

　最近の日本訪問中にお会いできて嬉しく思います。私は無事に豪州へ戻りました。
　私達のためにしていただいた全てのご手配とおもてなしに対して厚く御礼申し上げます。私はまた，次のメッセージを税関の部長から受け取り，松本様にお伝えするように言われています。
　以下引用
　アサヒ食品の松本様とそのチームの方々が，私達一行と会うために貴重なお時間を費やしていただきましたことに対して，心より御礼申し上げます。アサヒ食品の方々や海貨業者との面談により，私達のスタッフが当初考えていたよりも更に深い理解を得ることができました。
　以上引用
　私も再度，松本様の思いやりのあるご助力に対しまして，心より御礼申し上げます。

ピーター・サンダーソン
輸出マネージャー
Ｐ＆Ｊフーズ社

例題24 ●お礼のメッセージに対する返事

▶用語説明を参考にしながら訳しなさい。

Dear Mr. Sanderson,

Thank you for your mail with the Customs message. It was our great pleasure to discuss the various issues of mutual concern① with you & the Customs people. We hope to assist you further② in any way we can in the future. Please also pass our thanks to Mr. Nicolson for sharing his views on EDI with us. We are looking forward to doing more business with you soon.

Jyunya Matsumoto
Section 2 Manager
Provisions Department
Asahi Foods Co., Ltd.

①concern：関心，関心事，懸念　I have little concern with politics.　私は政治に余り関心がない。動詞は，気にかける，心配するという意味
　Many companies are concerned about the rising cost of industrial waste disposal.　多くの会社が産業廃棄物の処理に費用が嵩んでいることを懸念している。
②further：さらにまた，さらに進んで，それ以上に　Before we go any further, I've got something to tell you.　先に進む前にちょっとお話したいことがあります。

例題24：大意

サンダーソン様

　税関からのメッセージを含む貴メール，ありがとうございます。相互の関心事である様々な事柄をサンダーソン様及び税関の人達と話し合えたことは私達にとって大きな喜びでした。将来，何らかの方法で更に皆様のお役に立てることがあればと考えています。ニコルソン氏に，彼のEDIに関する見解をお話しいただいたことに対する私達の感謝の気持ちをお伝えください。御社とはより大きなビジネスができるようになることを楽しみにしています。

松本純也
アサヒ食品株式会社
食品部　第二課長

例題25

▶次の英文を訳しなさい。

> As you are aware, it is customary for our President to visit Sydney to attend the Agribusiness Industry gathering held in October every year. On this occasion, he would like to pay a courtesy call to your company as per the below proposed schedule :
> 14:00 Wed 13th October, 20XX Visit Peters & Johnsons Sydney Head Office
> We would appreciate it very much if you could confirm if your Managing Director Mr. Stewart Thomas will be available for above proposed schedule.

例題25：大意

　ご存知の通り、弊社の社長は毎年10月にシドニーで開かれます農業関連産業の集まりに参加するのが慣例となっております。この機会に次の提案されたスケジュールで御社を表敬訪問致したく存じます。
　20XX年10月13日（水）14時　ピーターズ＆ジョンソンズ社訪問
　貴社社長のスチュアート・トーマス様のご都合がこの提案されたスケジュールで合うかどうかご確認いただければ幸甚です。

7-1-5 転勤・定年退職者の挨拶

背景説明
　アサヒ機械の現地法人豪州アサヒ機械株式会社に7年間勤務した中島マネージャーが東京の本社に転勤することになった。そこで次のような挨拶状を取引先のお世話になった人たちに送った。

例題26

▶用語説明を参考にしながら訳しなさい。

Dear Sir/Madame,

After nearly 7 years in Sydney, I will be returning to our Head Office in Tokyo to take up my new assignment① as the International Marketing Manager effective from 1st July, 20XX.

Taking this opportunity, I wish to express my sincere appreciation② for your kind support and friendship extended③ to me during my stay in Sydney.

My successor④ is Mr. Kentaro Hamasaki from our Head Office. I would be most grateful if you could extend the same support & friendship to him as you did to me.

I wish you & your family the best health and prosperous future. Thank you again and I hope our paths will cross again⑤ in the future.

Kenzo Nakajima
Manager
Asahi Machinery Australia Pty. Limited⑥

①assignment：割り当てられた仕事（任務），課題，宿題　He has been on overseas assignment for 3 years.　彼は3年間海外勤務をしている。He left for his assignment in the Middle East.　彼は中東における任務に赴いた。
②appreciation：感謝，賞賛の表明，鑑賞　appreciation of music：音楽の鑑賞　They showed their appreciation by giving him a gold watch.　彼らは彼に金時計を贈ることによって，感謝の意を表した。
③extend：（恩恵，親切，援助などを）及ぼす，施す　extend sympathy to ～で，～に同情を表すの意味。この他に伸ばす，延長するなどの意味もある。
④successor：後任，後継者，継承者　He is the most likely successor to the president of the company.　彼はその会社の次期社長として最も有望な人だ。successorの反対語はpredecessorで前任者。
⑤our paths will cross again：「私たちの道が再び交わる」とは（将来偶然に）再会すること，仕事上で再びめぐり会うこと。Their paths crossed again some months later. 数か

月後に彼らは再び出会った。
⑥ Pty. Limited：（豪州，NZ，南アで）株式会社　Proprietary（Pty.）：個人経営の，私企業のという意味では有限責任会社。
※英国ではPLC（Public Limited Company）を使い，これは公開有限会社と訳されることもあるが，株式を一般に公開する株式会社のこと。日本では株式会社はCo., Ltd. と表記されることが多いが，companyにはこの他に（会社名に名前の出ない）共同経営者，一般社員達という意味もある。the companyで保険会社を示す場合もある。Smith & Co.：スミス商会（代表社員スミスとその他の社員達の会社）

例題26：大意

拝啓　シドニーでほぼ7年に及ぶ勤務を終えて，私は20XX年7月1日付で国際マーケティングマネージャーとしての新しい任務に就くために東京の本社に戻ります。

　この機会にシドニー在任中，皆様からいただきました温かいご支援や友情に対して心から感謝の意を表したいと思います。

　私の後任者は本社から参りました浜崎健太郎です。私にしていただいたのと同様のご支援と友情を彼にも与えていただければ幸甚です。

　皆様と皆様のご家族の方々のご健康と益々のご発展をお祈り申し上げます。もう一度感謝の気持ちをお伝えしますと共に，将来皆様とどこかで再会できる日を楽しみにしております。

敬具

豪州アサヒ機械株式会社
マネージャー　中島健三

Try20 次の英文を訳してみよう！

Time flies like an arrow! I cannot believe 5 years have passed since I started my assignment in Sydney. I have been lucky enough to have worked with those very pleasant people who have made my job so enjoyable during the past 5 years. I will return to Japan next week to take up my new assignment as Sales Manager of Oils & Fats Department of our Head Office in Osaka. On this occasion, I would like to express my sincere appreciation for your kind support extended to me during my stay in Sydney. I would like to wish you and your families the prosperous future.

例題27

背景説明

　ピーターズ＆ジョンソンズ社の創業時から勤務していた社員がこのたび定年で会社を辞めることになり，全社員向けに次のようなメールを送った。

▶用語説明を参考にしながら訳しなさい。

Hi everyone,

　I am retiring① today after almost 25 years with Peters & Johnsons.
　I wish to sincerely thank everybody for all the help and support extended to me over the years. In that time I have been fortunate enough to be a part of the huge development within the company, especially here at the Ibis plant②. A special thanks to all maintenance③ personnel④. It has been a pleasure to have worked and known so many people in the industry.
　I am looking forward to travelling in our caravan, fishing and spending time with the family.
　Best wishes to everyone.

①retire：（一定の年限が来て）退職する，引退する　これに対し任期の途中などで辞職する場合は通常resign, leave, quitなどを使う。He retired from the railway company on a pension at 65.　彼は年金のもらえる65歳で鉄道会社を退職した。
②plant：製造工場　The United Sates has approximately 2,500 fish processing plants.　米国には約2,500の魚加工工場があります。a power plant：発電所
③maintenance：整備，管理，保守，点検，メンテナンス　The maintenance in that building is excellent.　あのビルの管理はとても素晴らしい。
④personnel：人員，職員，社員　Our personnel are very highly educated.　我が社の社

員は大変高度な教育を受けている。

例題27：大意

　皆さんこんにちは，

　私は本日，ほぼ25年間のピーターズ＆ジョンソンズ社での勤務を終えて引退します。

　この間に皆様からいただきました全てのご協力，ご支援に対して私は心より感謝いたします。

　またこの間ずっと私は会社の，特にここアイビス工場の飛躍的な発展の中に身をおくことができたことは非常に幸運であったと思います。全てのメンテナンスの職員の方々に特別な感謝をしたいと思います。ここで働くことができ，さらに多くの業界の人達と知り合えたことは大きな喜びでした。私はこれからトレーラーハウスで旅行し，釣りをして，家族と一緒に過ごすことを楽しみにしています。皆様のご幸運をお祈り申し上げます。

例題28 ● 取引先の退職者へのメッセージ

背景説明

　ピーターズ＆ジョンソンズ社のNatalie Brown部長はアサヒ機械の鈴木部長が退職されるということを聞いて次のメッセージを送った。

▶用語説明を参考にしながら訳しなさい。

Dear Mr. Suzuki,

　I was very sorry and sad to hear that you are leaving① Asahi Machinery Co., Ltd. at the end of September, 20XX.

　I would like to express my sincere appreciation for your kind support to us during your time in the Procurement Department②.

　Your support has very much assisted in developing③ an even closer relationship between your and our companies.

　I will miss④ our regular meetings to discuss the Japanese and international market situations.⁵

　Thank you again for your cooperation and assistance during the time we have known each other.

　I wish you all the best in the future.

Best personal regards,⁶
Natalie Brown
General Manager
Peters & Johnsons Pty. Ltd.

①leaving：この場合のleaveは会社を去る，退職するという意味。この他に置いて行く，残すという意味もある。She left it for another occasion.　彼女はまたの機会のためにそれをとっておいた。
②Procurement Department：調達部　以前は購買部（Purchasing Department）という名前が多かったが，最近はSupply Chain Managementの観点から調達部と呼ばれるケースが多い。procure（動詞）：調達する，獲得する　They procured universal confidence and respect.　彼らは世間一般の信用と尊敬を得た。
③developing：創り出す，発展させる，新しいものを創り出す　He developed a small company into a world-wide business. 彼は小さな会社を世界的な企業に発展させた。
④miss〜：〜がなくて寂しい，いないので寂しく思う，〜がないことに気づくという意味。We shall miss you badly.　君がいないととても寂しいことだろう。When did you miss your wallet?　いつ札入れのないことに気がつきましたか？
⑤situation：状況，情勢，事態，難局　He successfully saved the situation.　彼は上手く事態を収拾した。This put him in a difficult situation.　このことから彼は困難な立場に追い込まれた。
⑥Best personal regards：regards（通常は複数形）は尊敬，敬意，宜しくとの挨拶　personalを加えることにより事務的で堅苦しいものではなく，個人的な親しさ（personal touch）を伝えようとしている。Please give her my best regards.　彼女にくれぐれも宜しく。

例題28：大意

鈴木様
　20XX年9月末でアサヒ機械株式会社を退社されると聞いて，残念で悲しい気持ちになりました。
　鈴木様が調達部にいらした時にいただきました思いやりのあるご支援に対して，心からの感謝の気持ちを表明したいと思います。
　あなたのご支援は御社と弊社の関係をより密接なものに発展させることに大変役

立ちました。

　今後は日本市場及び国際市場の状況に関してお話をする私たちの定期的なミーティングの機会がなくなり，淋しく思います。

　私達が知り合ってからずっといただいておりますご協力とご支援に対して再度感謝いたします。

　鈴木様の将来のご多幸をお祈り申し上げます。

敬具

Try21 次の英文を訳してみよう！

To all my colleagues at Peters & Johnsons

　The time has come for me to retire – my last day at work will be on Friday 31st March, 20XX. I would like to take this opportunity to thank everyone for the support and friendship you have given me over many years.

　I have always enjoyed working for this company and over the years I have been lucky to have made a lot of new friends and have worked with some very pleasant people.

　I will also miss the everyday contact and the companionship with the people in this industry. It's all these people that have made my job so enjoyable.

　I wish all my colleagues at Peters & Johnsons a very bright and prosperous future. It has been a good company to work for and I will miss being here.

7-1-6 会社設立25周年記念の休業通知

背景説明

　ピーターズ＆ジョンソンズ社は会社設立25周年を迎え，１日休業とすることを決め，次の案内状を取引先に送った。

例題29

▶用語説明を参考にしながら訳しなさい。

To whom it may concern①：

　We would like to inform you that as a part of the 25th anniversary② commemoration③ of our company's foundation④, the Sydney Head Office and Tokyo Branch Office will be closed on Friday 16th April, 20XX.

　We wish to take this opportunity to express our sincere appreciation for the support you have extended to us over the last 25 years.

　We look forward to⑤ a continuous, mutually beneficial relationship⑥ with you in the coming years.

Stewart Thomas
Managing Director⑦
Peters & Johnsons Pty. Ltd.

---

①To whom it may concern：関係各位殿　相手の宛名が不特定のとき，形式的な手紙や証明書などの冒頭に用いる。
②anniversary：記念日，記念祭　We celebrated our tenth wedding anniversary yesterday. 私たちは昨日結婚１０周年を祝った。I went to my hometown on the second anniversary of my grandmother's death. 私は祖母の三周忌に故郷に帰った。
③commemoration：祝賀，祝典　In commemoration of the victory, they put up a statue. 戦勝を記念して彼らは像を建てた。
④foundation：創立，発足，根拠，基礎，土台　a rumor without foundation：根拠のない流言　動詞形はfoundで設立する，創立する
⑤look forward to～：～を楽しみにしている　I'm looking forward to seeing you then. その時に君に会うのを楽しみにしている。toの後には通常，動名詞か名詞がくる。
⑥continuous, mutually beneficial relationship：継続性のある相互に有益な関係　Those

discoveries are beneficial to mankind.　それらの発見は人類にとって有益である。
These companies are having mutually beneficial business during the past 5 years.　これらの会社は過去5年間相互に有益なビジネスを続けている。

⑦Managing Director：豪州では肩書きは通常英国式なのでここでは社長の意味で，日本で一般的に採用されている米国式ではManaging Directorは常務取締役を指す場合が多い。

例題29：大意

関係各位

　弊社創立25周年記念の祝賀行事の一環として，シドニー本社と東京支店は20XX年4月16日（金）を休日とさせていただきます。この機会をお借りして過去25年間に皆様からいただきましたご支援に対しまして，心より御礼申し上げます。今後も皆様と継続性のある互恵的な関係を続けてゆきたいと考えております。

スチュアート・トーマス

社長

ピーターズ＆ジョンソンズ社

Try22 次の英文を訳してみよう！

Interoffice Memorandum

　Our company will be closed for annual summer holidays from Saturday 8th to Sunday 16th August 20XX. Standby staff for urgent jobs should be nominated by Managers at their discretion who are requested to advise the nominees concerned to the Personnel Department. Any staff placed on standby roster may take an alternative day off by arrangement with his Manager.

7-2●年次総会議事録

背景説明

アサヒ機械株式会社では国内外の取引先をメンバーとする会員制のコスモスクラブを運営している。このクラブでは様々な活動を行っているが，その中で最大のイベントは毎年8月に東京で開催される年次総会とその後に続くセミナーと懇親会である。次の議事録はその時に事務局が作成したものである。

例題30

▶用語説明を参考にしながら訳しなさい。

Minutes① of the 7th Annual General Meeting② of Cosmos Club

Date & Time：26th (Fri) August, 20XX 15:00 - 16:00
Venue：International Conference Hall, Tokyo
Present：78 members of 93 total members
　　　　（Please find attached the list of members present.）

1) Mr. Kato, Chief of Secretariat③, delivered④ an opening speech. It was then confirmed that the number of members present including the proxies⑤ exceeded the minimum requirement for the resolution⑥ of two thirds of the total number of members as stipulated⑦ in the rules of the Club.

2) Mr. Saito was elected as Chairman of the 7th AGM and following agenda was discussed：
A) The Club's activities & the income and expenditure statement⑧ for the fiscal year 20XX (from April 20XX to March 20XX) were reported.
B) The Club's activity plan & proposed budget for the next fiscal year 20XX which were discussed at the committee meeting⑨ in June were unanimously⑩ approved.
C) The three member companies who submitted their notice of resignation⑪ from the Club & five companies who applied for the

admission⁽¹²⁾ to the Club were approved, making the total number of members ninety five.

D) It was agreed that the Club would hold seminars twice a year in principle⁽¹³⁾ and the themes would be discussed at the committee meetings.

3) Mr. Tanaka, Deputy Chief of Secretariat, delivered a closing speech.

Following the AGM, a seminar and reception were held at the neighboring hotel.

Attachment : List of members present at the 7th AGM (Omitted)

①Minutes：議事録，会議録　Minutes of the directors' meeting will be released tomorrow.　取締役会の議事録は明日公表される予定だ。
②Annual General Meeting：年次総会（略語：AGM）
③Chief of Secretariat：事務局長（a secretary-general, a director general などの呼び方もある）　secretariat：事務局
④deliver：(演説を)する，(考えを)述べる　He delivered a lecture to us yesterday. 彼は昨日私達に講演をした。delivery：話すこと，講演，話しぶり
⑤proxy：委任状，代理，代理権　My wife acted as my proxy in the vote at our church. 妻は教会での投票で私の代理を勤めた。
⑥resolution：決議，議決，決意，決心，解決　The resolution banning the whaling was adopted. 捕鯨を禁止する決議案が採択された。New Year's resolutions：元旦の決心
⑦stipulate：明記する，規定する，約定する，要求する　I had it stipulated in the contract that my finished work would not be changed.　私の完成作品には改変を加えない旨を契約に明記させた。
⑧income and expenditure statement：収支報告書　income：収入　He used too much of his monthly income for credit card payments.　彼は月収を余りに沢山クレジットカードの支払いに使いすぎた。expenditure：支出　annual expenditure：年間支出　expenditure on armaments：軍事費
⑨committee meeting：委員会(の会議)　The committee meeting was a cut-and-dried affair.　その委員会の会議は前もってお膳立てされたものだった。
⑩unanimous：(意見が)全員一致した，満場一致の　Support was unanimous for the tax-reform bill.　満場一致で税制改革法案が支持された。
⑪notice of resignation：退会届　notice：通知，通告，警告　resignation：辞職　He handed in his resignation.　彼は辞表を提出した。
⑫admission：入会，入場，入るのを許すこと　admission free：(掲示)入場無料　Production of your membership card entitles you to free admission.　会員証を提示すると無料で入場することができる。

⑬in principle：原則として，原則では　principle：原則，原理，主義，信念　My principle won't allow me to do it.　そんなことをするのは私の主義が許さない。

例題30：大意
第7回コスモスクラブ年次総会の議事録
日　時：20XX年8月26日（金）　15時－16時
場　所：東京国際会議場
出席者：全会員93社のうち78社
　　　（添付の出席者名簿参照）

1．事務局長の加藤氏が開会のスピーチを行った。その後，委任状を含めた出席者数がクラブの規則に明記されている議決に必要な全会員数の3分の2以上であることが確認された。
2．斉藤氏がクラブの第7回年次総会の議長に選出され，次の議題が話し合われた。
A）20XX会計年度（20XX年4月から20XX年3月まで）のクラブの活動報告と収支報告が行われた。
B）6月の委員会で話し合われた次の会計年度となる20XX年度の活動計画案と予算案が満場一致で承認された。
C）クラブに退会届けを提出した3会員会社の退会と入会の申請をした5社の入会が認められ，総会員数は95社となった。
D）クラブは原則として年2回セミナーを開き，そのテーマは委員会で話し合われることが合意された。
3．事務局長代理の田中氏が閉会のスピーチを行った。
年次総会の後にセミナーとレセプションが隣接するホテルで行われた。
添　付：第7回年次総会出席者リスト（省略）

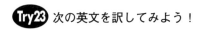 次の英文を訳してみよう！

●第18回日・EU定期首脳協議共同プレス声明の一部

Summit leaders underlined their shared interests in the field of energy and emphasised the importance of continued bilateral cooperation on energy security, sustainable energy policies and energy technologies. They underlined the need to promote open, transparent, efficient and competitive energy markets, to strengthen energy security including through enhanced dialogue and cooperation between producing and consuming countries, and to promote sustainable energy choices. They welcomed the success of the recent EU-Japan joint strategic workshop on energy research and technological development. Summit leaders underlined the importance of working closely within the multilateral context, including in the framework of the G8, the International Energy Agency, the International Energy Forum and the Energy Charter Treaty. Given the potential for energy efficiency worldwide and its role in addressing energy security and climate change mitigation, Summit leaders underlined the need to improve and to further enhance both bilateral and global cooperation on this issue. Summit leaders also reaffirmed the need to work towards launching the operational phase of the International Partnership for Energy Efficiency Cooperation as soon as possible.

7-3●新中期経営計画
アサヒ食品の新中期経営計画
背景説明

　アサヒ食品株式会社は経営環境が激変したため，中期経営計画の見直しを決めた。社長の指示により経営企画部が中心となって，取締役会や社内の関連部門とも打ち合わせを重ねて新中期経営計画をまとめ，日本国内及び海外の重要取引先やマスコミに向けて発表した。次ページからの資料に挙げたプレゼンテーションはその一部である。

資料その1 ●プレゼンテーション

Asahi Foods

New Mid-term Business Plan

Financial Year 20XX - 20XX

- April 20XX
- Asahi Foods Co., Ltd.

Asahi Foods

A) Environment Facing the New Mid-Term Business Plan

B) Mid-Term Business Strategies

Asahi Foods

A) Environment Facing the New Mid-Term Business Plan

We are facing serious challenges in the business environment - changes beyond any expectations held at the time the previous Business Plan was prepared - the raw material prices doubled and then plummeted in a matter of a year.

Asahi Foods

Food Resources

- Increased demand for food in emerging economies and the export restrictions in food supply countries
- Global tight supply → Skyrocketing prices of raw materials
- Global warming and abnormal weather (drought, localized torrential downpour etc.)

Asahi Foods

- Flow of speculation money into commodity markets → Sharp rise of raw materials prices
- Decreased demand in the international market after the financial crisis
- Revival of EU export subsidy
- Withdrawal of speculation money from the commodity markets → Steep decline of raw materials prices

---

Asahi Foods

Grain Market

- Global tight supply of cereals including wheat
- Major increases in fertilizer prices and crude oil prices
- Rising cost of transportation
- Downward adjustment of the international prices following financial crisis

Consumption Structure in Japan

- Growing concerns about food safety and reliability
- Rising retail prices and slow income growth → Decreased income, strong pressure for discount, possible return to deflationary trend
- Polarization of consumption

B) Mid-Term Business Strategies

Strengthening of business base through collaboration with overseas raw materials suppliers

Reinforcement of cost structure 1

- Procurement
  - Joint development of low cost raw materials with the overseas suppliers
  - Securing stable supply of raw materials under the tight supply situations
- Production
  - Improvement of production, subcontracting of production

Reinforcement of cost structure 2

- Sales and marketing
  - Polarization of sales activities, strengthening of PR activities
- Development
  - Environmentally friendly raw materials, joint development of lighter finished products and packaging

Logistics – Efficient logistics and storage systems, joint delivery

Expansion of technical exchange
- Technical visits to overseas raw materials suppliers
- Acceptance of overseas suppliers' technical staff at our factories
- Affiliation with overseas laboratories, universities and research organizations

---

Thank you for your attention

Asahi Foods Co., Ltd.

▶用語解説
スライド番号
3 mid-term：中期の，中間の　short-term：短期　long-term：長期
　a long-term loan：長期貸し付け
　beyond any expectations：想定を超える，想定外の　beyond：～を超えて，～の向こうに　This is beyond my belief.　これは信じられない。
　raw material：原料，素材　finished product：最終製品（完成品）
　plummet：急落する，まっすぐに落ちる　The news caused global stock markets to plummet. そのニュースは全世界の株式市場を急落させた。
4 food resource：食料資源　natural resource：天然資源　human resource：人的資源，人材，人事
　emerging economies：新興（成長）国，比較的高い経済成長を遂げている国
　export restriction：輸出規制
　skyrocket：急騰する，急上昇する　His popularity skyrocketed after his success in the film.　その映画で成功してから彼の人気は急上昇した。
　global warming：地球温暖化（現象）　It is the belief of many scientists that immediate action must be taken to stop global warming.　地球温暖化を食い止めるために即刻対策がとられるべきだというのが多くの科学者の意見である。
　localized torrential downpour：局地的集中豪雨　localizeは特定の地域に集中するという意味。downpourだけでも豪雨という意味だが，torrentialをつけて強調している。
5 speculation money：投機資金　speculationは思惑，当て込み　He bought land on speculation.　彼は土地の思惑買いをした。
　commodity：商品取引所の取引対象商品（主として農・鉱業産品で品質が標準化されるもの），必需品
　financial crisis：金融危機，金融恐慌　None of these financial crises compares in magnitude to what happened in 1929.　これらの金融恐慌は規模の点で1929年に起こったものとはどれも比較にならない。
　revival：復活，復興
　export subsidy：輸出補助金　The export subsidies have increased again recently.　輸出補助金が最近再び増えてきている。
　withdrawal：引っ込めること，撤回，回収
　steep decline：急落　steepは急激な，急勾配の
6 tight supply：逼迫した供給（需要に比べて供給が少ない状態）cf. short supply：供給不足
　cereal：穀物，穀類　cereal protein：穀物蛋白
　fertilizer：肥料，化学肥料
　crude oil：原油（raw petroleum）
　transportation：輸送，運輸，運送　air transportation：空輸　marine transportation：海上輸送　land transportation：陸上輸送
　downward adjustment：下方修正，値下げ　downward：下方へ下に行く　反対語は

upward adjustment（上方修正）
7 concern：懸念，心配，関心
food safety：食品の安全性
reliability：信頼性，確実性，信憑性
retail price：小売価格　wholesale price：卸売価格
deflationary trend：デフレ傾向　反対語は　inflationary trend
polarization：分極化，二極化して正反対になること　the polarization of politics：政局の二分化
8 collaboration：協同，協調，協力　She worked in collaboration with the TV crew.
彼女はテレビ班と協同で仕事をした。
9 reinforcement：強化，補強
procurement：調達，入手，獲得
joint development：共同開発（ユーザー，サプライヤー双方の開発担当者が話し合い，ユーザーのニーズに合った原料，製品を開発すること）
secure：確保する，獲得する
stable supply：安定供給　The town secured a stable water supply despite the drought.
旱魃にもかかわらず，その町は安定した給水を確保した。
subcontract：下請負い，下請け契約　subcontractor：下請け会社　They let the work under subcontract.　彼らはその仕事を下請けに出した。
10 PR activity：広報活動　PR (public relations)：広報，渉外　She was given a position in the public relations department at a large firm.　彼女はある大きな会社の渉外広報部に配属になった。
environmentally friendly：環境に優しい　There has been a rapid progress in the proliferation of environmentally friendly products.　環境に優しい製品が急増している。
joint development：共同開発
11 logistics：ロジスティックス（企業による物資の総合管理のための戦略，システムなど），物流管理
joint delivery：共同配送（他社と提携して共同である地域の配送を手配することによりコストを抑える）
technical exchange：技術交流（技術者同士の情報交換，相互訪問などを含む）
acceptance：受け入れること，引き受け，容認　反対語は rejection
affiliation：提携，合併，加入　a sister city affiliation：姉妹都市の提携
a hospital in affiliation with A University：A大学付属病院
laboratory：研究所，実験室　a hygienic laboratory：衛生試験所
research organization：研究機関，調査機関　research：学術的な研究
He made researches into physics in the laboratory.　彼はその研究所で物理学の研究を行った。

スライド1

Asahi Foods

新中期経営計画

20XX年度 － 20XX年度

20XX年4月
アサヒ食品株式会社

スライド2

Asahi Foods

A) 新中期経営計画の直面する環境

B) 中期事業戦略

スライド3

Asahi Foods

A) 新中期経営計画の直面する環境

- 前回のビジネスプランを作成した時点から想定を超える環境の深刻な変化が起きた － 1年の間に原材料価格が2倍になり、その後急落した。

スライド4

Asahi Foods

食料資源

- 新興国の食料需要増大と食糧資源国の輸出規制
- 世界的な食糧需給の逼迫 → 価格の高騰
- 地球温暖化と異常気象（旱魃、集中豪雨など）

スライド5

Asahi Foods

- 投機資金の商品市場への流入 → 原材料価格の高騰
- 金融危機後に国際市場で需要が減少
- EUの輸出助成金が復活
- 投機資金の商品市場からの引き揚げ → 原材料価格の急落

スライド6

Asahi Foods

穀物市場

- 小麦を含む世界的な穀物需給の逼迫
- 飼料価格と原油価格の高騰
- 輸送コストの増大
- 金融危機後の国際相場の下方修正

日本の消費構造

- 安全、安心意識の高まり
- 小売価格の上昇と所得の伸び悩み → 所得の減少、値下げへの強い圧力、デフレ傾向に逆戻りの可能性も
- 消費の二極化

B) 中期事業戦略

海外の原料供給者との連携による事業基盤の強化

コスト構造の強化 1

- 調達
  - 海外の原料供給者と低コスト原料の共同開発
  - **原料需給逼迫下での安定供給の確保**
- 生産
  - 生産の効率化
  - 生産の受委託

コスト構造の強化 2

- 営業及びマーケティング
  - 営業活動の重点化、広報活動の強化
- 開発
  - 環境配慮型原料、最終製品及び包装容器の軽量化

ロジスティックス ― 効果的な物流管理、保管システム、共同配送

技術交流の拡大
- 海外の原料供給者への技術者派遣
- 自社工場への海外原料供給者の技術者訪問受け入れ
- 海外の研究所、大学、研究機関との提携

ご静聴ありがとうございました。

アサヒ食品株式会社

資料その2 ● Try 解答

Try1

We have received with thanks of your mail of Sept. 20.

We are glad to hear that our animation has passed your rigorous test, and we have no objection to your proposition of aiming at a 20% share on your market.

As to the matter of exclusive right in handling our animation, we would like to base it on reciprocity between your liquid crystal display and our animation.

If you agree, we are ready to proceed to exchange the contract notes relevant to these two items. We look forward to hearing from you.

Try2

A）最高業務執行責任者：日常業務の最高責任者でChief Executive Officer（CEO）の下になる

B）副社長　Executive Vice President（EVP：執行副社長），Senior Vice President（SVP：上席副社長）という肩書きもある

C）専務取締役

D）部長代理：Assistant-to General Managerというタイトルもある

E）課長代理

F）取締役会

G）監査役会

H）報酬委員会：役員報酬を決めるための委員会

I）CSR（Corporate Social Responsibilityの略で企業の社会的責任）　法令順守部門

J）財務部

K）法務部

L）穀物部

M）鉄鋼部

Try3

取締役会殿

次の様な状況において我が社のホームページを一新することを提案いたします。

1）過去数年間に我々のビジネス環境が激変するに従って，我が社のホームページは少し古いものになっている。

2）競合他社はすでにホームページを新しくしており，このままではビジネスにおいて他社に大きく遅れをとることが懸念されている。

　私達の提案の詳細は次の通りです。

A）関連する各部のスタッフからなるプロジェクトチームを作る。

B）プロジェクトチームはホームページ更新のための日程表を作成して管理企画部と密接な連絡をとる。

C）プロジェクトチームは外注先であるＩＴの会社と打ち合わせて次の主要目的に向けて我が社のホームページを一新する。

　・我が社の一般的なイメージを改善する

　・我が社の製品の顧客向け販売を促進する

　・メールなどを使って顧客とのコミュニケーションを促進する

Try4

　5月15日付の貴社の注文を感謝します。不運なことに，貴社によって注文された商品は，今在庫がなく，6月初旬までに入手不可能でしょう。それゆえ，当社は少し良い商品で，在庫があり多分もっと適切である商品6番を23ドルで売申込みできます。これらの商品を船積みできるかどうか知らせてください。

Try5

　これは，下記の商品について貴社に当社の販売条件を確認するものである。詳細：航空機の部品を1,500個で，1個につき4,000ドル，貿易条件はLong BeachまでのCIP条件です。船積み：20XX年6月の初旬。保険：送り状金額に10％を保険金額として，戦争危険を特約としてICC（A）条件で付保され

るべきである。決済条件：B/L 日から 30 日の TT 送金。ほかに規定がない限り，この契約は次の諸条件によるものとする。1）当社は不可抗力によっておこされた船積遅延に対して責任はありません。特約は，ストライキ，封鎖，火災，洪水，地震，嵐，疫病，動員，戦争，市民革命，戦争行為，妨害，船の徴用，輸出禁止，さもなくば，当方の力を越えるようなほかの状況などである。2）宣戦布告や戦争勃発のための追加的な運賃や保険，そしてほかの諸掛かりは貴社によって支払われるべきである。

Try6

We thank you for your mail of the 10th Oct., contents of which have been carefully noted.

From the Price List enclosed herewith you will observe that our prices are exceptionally low and this sacrifice is due entirely to our recognition of the necessity for price cutting in order to develop our sales in your market.

As regards the terms and conditions of business, we are attaching our Memorandum of General Terms and Conditions of Business in duplicate on which we are prepared to transact business.

We hope you will accept them as they stand and return to us a copy duly signed.

We are really glad to say that business relation has now been opened between you and us, and our prompt and best attention will be given to any suggestions you may present for our consideration.

We hope this relation will continue pleasantly for a long time to come.

Yours very truly,

Enc. Memorandum

Try7

1月12日付のメールを感謝します。当社は，貴社が当商品に引き続き関心があることを知ってうれしいです。そして当社の組織を述べているパンフレット，当カタログの写し，簡単な社史，そして貴社のためのほかの小冊子を

送りたいです。カタログと価格表から，古い流行の型より新しいものを売買することは容易です。そして比較的安い価格で素晴らしい品質を供給します。もし貴社がもうすでに，活動中にそのプレイヤーを見るための機会があるならば，当社は貴社が提出されたメッセージをもっと十分に感謝することを確信しています。取引条件に関して，当社が一般取引条件の覚書を2通同封します。その中で，取引をする準備がある。貴社がそれらをそのままで引き受け，正式にサインされた写しを当社に戻してくださるを望んでいます。貴社と当社の間に取引関係が開始されたことを喜んでいます。そして当社の迅速かつ最高の配慮が，当社の考慮のために表すことができる提案が充てられるでしょう。当社はこの関係が相互の利益のために友好的に続くことを希望しています。

Try8

Thank you for your mail of June 3 in which you asked for our pamphlet. We regret, however, the supply had been completely exhausted by an enexpectedly heavy demand. As there is a definite possibility that we may reprint the pamphlet in the future, a copy shall be sent to you before long.

Try9

8月10日付のメールで，貴社はXXXの商品を見積もってくれた。しかし貴社はこれらの見積もりが色つきか色なしかどうか述べてなかった。それについて当社にお知らせください。貴社は大量注文に対し，可能な限り値引きがあることを書き留めた。

Try10

貴社の製品を導入する最初の期間，当社は貴社の商品を導入するために最大努力，時，金を費やさなければならないでしょう。もし全ての商品について価格表の値段から10％を割り引いて下さったならば，当社は導入を容易にするだろうし，当社の価格をより競争的に，それゆえもっと魅力的にできるでしょう。

Try11

　残念ながらEUと貴社の製品には6～10%の違いがあることを申し上げなければならない。もし，6～10%も高く見積もられたなら，どんな商品も成功しないでしょう

Try12

　当社は喜んで，注文書33番を添付します。貴社は当社の注文品の詳細を見つけると信じております。この注文をカバーするために，当社は9月3日まで4,000ドル相当の取消不能信用状を貴社宛に開設するように当社の取引銀行に指図しました。そして貴社は東京での同行の取引先を通して，それについて正式に通知されるでしょう。これらの商品は早急に要求しており，それで当社は第1便船でそれらを船積みするように頼みました。それらの商品が貴社の見本の品質と同等で，そして同社はこの港への安全な到着が保証されるよう入念に梱包されたことをどうぞ確認なさってください。同封した注文書で与えた指図に従って，貴社が初注文を実行すると信じています。一方，この最初の船積があらゆる点で満足のゆくものであれば，貴社に再注文することを確信していただけると思います。

Try13

●コンテナ船手配

　航空機部品に対する貴社の注文品の船積みに関して，当社はもうすでに10月7日，東京から出航する予定であるC/S Victory号で貴社の注文品を船積みする手配に必要な手続きをとっています。貴社の船積指図書を遂行するのに最善をつくすつもりです。

Try14

Please ship the goods at the lowest freight rate by the first available steamer for New York. As we are prepared to cover the marine insurance, please inform us of the name of vessel and date of sailing at once.

Try15

Because of the waterfront strike this month we are unable to ship of your order by the stipulated date. Under the circumstances, we hope that you will agree to extend your L/C till the 25th March as we asked you by e-mail.

Try16

B/Lは「荷送人を指図人として」作成されなければならないし,「通知先はN.Y.のXYZ社」で「運賃着払い」と記さねばならない。運賃は貴社の本社で支払い可能である。

Try17

この地方を襲った恐ろしい台風のせいで手配されたように,注文品25の商品を9月10日までに船積みすることが不可能になりましたことを,残念ながらお知らせしなければなりません。

Try18

若いオーストラリアの学生は大きな将来性を持っていますので,弊社は現在若干名の学生に業務研修生として弊社の研究所で働く素晴らしい仕事をオファーしています。この研修制度には,ほんの数例を挙げると自然科学,食品科学技術,工学などの科目の分野があります。

Try19

ビルの直接的な目的は,差し迫った豪州の排出権取引計画を先取りして,国家温暖化対策及びエネルギーの報告に関する法律の下で我々の義務を果たすために,エネルギーと温暖化ガス排出に関する報告のシステムを全社的に履行し管理する責任を負うことです。

皆様も私と一緒にビルを歓迎して私たちの職場に受入れて下さい。また,より低炭素の経済への移行に伴って,やり甲斐のある役割を担うビルに皆さんの絶大なご支援を宜しくお願い致します。

Try20

　光陰矢の如しと申しますが，シドニーで担当の仕事を任されてから5年が過ぎたのが信じられません。この5年間私の仕事を楽しいものにしてくれた気持ちの良い人達と一緒に仕事ができたことは本当に幸運でした。私は来週，大阪本社の油脂部で販売課長としての新しい任務に就くために日本に帰ります。この機会にシドニー在任中に皆様からいただきましたご支援に対し，心から感謝の意を表したいと思います。皆様と皆様のご家族の今後益々のご発展をお祈り申し上げます。

Try21

ピーターズ＆ジョンソンズ社の全ての同僚の人達へ

　私が退職する日が来ました。20XX年3月31日の金曜日が私の仕事の最後の日です。この機会に皆様から長年いただきましたご支援と友情に対してお礼を申し上げます。

　私は常にこの会社で仕事を楽しくすることができました。この間に多くの新しい友人を得ることができ，気持ちの良い人達と一緒に仕事ができたことは本当に幸運でした。

　私はまたこの業界の人達との日々の接触と親交を懐かしく思い出すことでしょう。これら全ての人達によって私の仕事はとても楽しいものになったのです。ピーターズ＆ジョンソンズ社の全ての同僚の人達に明るく繁栄した将来が訪れることをお祈りいたします。この会社は働くのに良い会社でした。私はこの会社を離れて寂しく思うことでしょう。

Try22

●社内メモ

　当社は20XX年8月8日（土）から16日（日）まで夏季休業となります。緊急の仕事のための待機員は各課長が随意指名して人事部までその氏名を連絡して下さい。待機要員に登録された者は，上司の手配で代休を取ることができます。

Try23

　日・EU首脳は，エネルギー分野における共通の関心事項について強調し，エネルギー安全保障，持続可能なエネルギー政策及びエネルギー技術において引き続き日・EU双方が協力することの重要性を強調した。日・EU首脳は，開放的で，透明性が高く，効率的かつ競争的なエネルギー市場を促進し，生産国と消費国の間の強化された対話及び協力等を通じてエネルギー安全保障を堅固にし，持続可能なエネルギーの選択肢を広げることが必要であることを強調した。日・EU首脳は，最近行われたエネルギー研究及び技術開発に関する日EU戦略ワークショップの成功を歓迎した。日・EU首脳は，G8,国際エネルギー機関，国際エネルギー・フォーラム及びエネルギー憲章条約の枠組みを含め，多国間の文脈で密接に協力することの重要性を強調した。世界における省エネルギーの潜在的可能性と省エネルギーがエネルギー安全保障と気候変動の緩和において果たす役割にかんがみ，日・EU首脳は，この問題における日・EU間及びグローバルな協力を向上させ，更に改善する必要性を強調した。また，日・EU首脳は，国際省エネルギー協力パートナーシップが可及的速やかに運用段階に入るよう取り組むことの必要性を再確認した。

資料その3 ●英文契約書(第3章)大意

売買基本契約書(大意)

この契約は20XX年8月6日に次の2社間で締結された。
P＆Jフーズ株式会社（以下「供給者」, Level 20, P ＆ J Building, 3 Macquarie Place, Sydney, N.S.W. 2000 Australia）
及び
アサヒ食品株式会社（以下「購買者」, 100-0500　東京都千代田区大手町1-11-2）

説明　この売買基本契約書の条件で，上記2社間でその時々に合意される種類及び数量の製品を供給者が売り，購買者が買うことに合意した。

そこでそれゆえ，本契約の両当事者は頭書の記載事項と相互の契約と合意を約因（対価）として，次の通り合意した。

取引条件

第1条　定義と解釈
（1）この売買基本契約書においては：
「営業日」とはシドニー及び東京で一般的に商業銀行が営業をしている日を意味する。
"CFR" と "CIF" の意味はインコタームズ2010によるものとする。
「個々の契約」とは輸出売りオファーを購買者が確認した後に供給者が購買者に送る輸出販売確認書を意味する。
「出荷義務」とは個々の契約において供給者と購買者が合意した "CFR" または "CIF" の条件のもとで規定された本船上に製品を納入することである。

「価格」とは個々の契約において供給者と購買者が合意した製品の価格を意味する。

標準的な規格とは供給者と購買者が合意した製品の必要条件を意味する。

（2）この売買基本契約書においては，他の状況が発生しない限り：

(a) 単数形は複数形を含み，複数形は単数形を含むものとする。

(b) 1つの性の単語は他の性の単語も含むものとする。

(c) 個人をさす言葉は会社及び法律で認められているその他の全ての存在物を含むものとする。

(d) 関係者への参照は関係者の個人的な代表者，後継者，被譲渡人，許可された譲り受け人を含むものとする。

(e) 条項と別表への参照はこの売買基本契約書の中の条項あるいはこの売買基本契約書に添付された別表を参照するものとする。

（3）この売買基本契約書の中の条項の見出しは便宜上のものであり，解釈に影響を与えるものではない。

第2条　製品の売買に関する合意

（1）この売買基本契約書の条件に従って供給者は製品を売ることに合意し，購買者は買うことに合意する。供給者と購買者の間の製品の売買に関する個々の取引は，供給者からの輸出売りオファーを購買者が確認することにより成立する。この確認後に供給者が輸出販売確認書を手配するがこれは原則としてEメールまたは電子ファックスによるものする（個々の契約書）。輸出販売確認書は（ⅰ）製品名，（ⅱ）数量，（ⅲ）価格，（ⅳ）日付及び納入先（揚げ地を含む），（ⅴ）貿易条件（CFRかCIF），（ⅵ）積み期，（ⅶ）支払い条件を含む。この売買基本契約書と個々の契約書の条件に矛盾が生じた場合は，この売買基本契約書の条件が採用されるものとする。供給者は正当な理由なしに購買者からの輸出売りオファーに対する要求を拒否しないものとする。

（2）供給者は第4条に従って製品を購買者に供給し，購買者は第4条に従って供給されたかあるいは供給されようとしている製品を受け入れる。

第3条　価格と関連する費用
（1）　購買者はこの売買基本契約書あるいは関連する個々の契約書（輸出販売確認書）に含まれている条件に従って船積費用を含む製品の価格を供給者に対して支払う。
（2）　供給者の他のいかなる権利や救済手段を損なうことなく，理由なしに支払日にいかなる支払いもなされず，また供給者から支払いを要求する書面による通知を受けた後7日以内に購買者が支払いをしなかった場合，購買者は債務不履行となり，購買者は供給者に対してSIBOR（シンガポール銀行間オファーレート）に年利1.5％を上乗せしたレートを損害賠償予定額として元の支払日から全額が支払われる日までの金利分を支払うものとする。
（3）　供給者は輸出ライセンスまたは他の正式な許可証の取得を独自の費用負担で行うものとする。また，豪州からの製品の輸出に必要な税関に対する全ての手続きを行うものとする。
（4）　購買者は次の事を行う：
(a)　全ての輸入ライセンス及び他の正式な許可書の取得を独自の費用負担で行うものとする。また，仕向け国へのあるいは必要とされる場合は経由する他国への輸入に必要な税関に対する全ての手続きを行う。
(b)　仕向け国において荷揚げ港から買手の倉庫または他のいかなる場所までの製品の搬送に関する契約を独自の費用負担で行う。
(c)　製品の仕向け国への輸入にかかわるいかなる税金，消費税，課徴金でも，その費用負担をする。あるいは，個人，国，州，政府，当局などだれが支払いを要求するかにかかわらず，仕向け国内の販売，流通に関する費用を負担する。

第4条　受け渡し
（1）　供給者と購入者の書面により合意した船積計画に従って供給者は船積みの手配をする。
（2）　特定の製品の価格がCIFまたはCFRとして表記された場合は，製品の

引渡しに関する双方のそれぞれの権利と義務は国際商業会議所（ICC）のインコタームズ2010年版で規定されている条件の解釈のルールを参照することにより決定される。

第5条　荷揚げ
（1）購買者は引渡し港における本船からの荷揚げに関連する全ての早出料，滞船料，波止場及び貨物に関する各種税金及びその他のいかなる港湾諸掛りも含む全ての費用に対して限度なく責任を負い，負担する。

第6条　名義
（1）製品の名義と製品の損失あるいは損害のリスクは本船上の貨物引渡しをもって購買者に移行し，購買者はその後その製品の販売が完了するまでの間，保険をかける。但し製品がCIFで販売された場合は買手は貨物に保険をかける必要はない。

第7条　危険負担
（1）供給者が製品を船上まで運び，引渡し義務を完了するまでは，製品の損失あるいは損害のリスク及び製品に関連する全てのコストは供給者の責任負担とする。

第8条　保証
（1）供給者は製品が全ての点において標準規格に合致することを保証する。

第9条　契約不履行に対する責任
（1）もし：
(a) 供給者がこの売買基本契約書及び関連する個々の契約通りに製品を供給できなかった場合；あるいは
(b) 供給された製品が船積み前か後に標準規格に合致していないことが判明した場合；あるいは
(c) 異物が存在するために品質が維持できない場合；あるいは

(d) 品質クレームが発生した場合（この場合は常に添付の明細には合致していない）は，
供給者は購買者がその契約上の義務を果たすことを可能にするために他の供給源を見い出すことも含めて，但しそれに限定されることはなく，そのような事態の発生の直接的な結果として購買者に生じる全ての直接的で妥当な費用に対して賠償し，購買者に対して補償するものとする。
(e) 購買者の都合により船積みが遅れた場合，保管及び金利コストを含めて，但しそれに限定されることはなく，この売買基本契約書のいかなる不履行の直接的な結果として供給者に生じる直接的で妥当な費用を購買者は供給者に対して補償するものとする。

第10条　秘密保持
（1）双方とも，この売買基本契約書のもとでそれぞれの義務を適切に遂行する妥当な場合を除き，いかなる人にもこの秘密を漏らしてはいけない。また，購買者の購買量，価格の取り決め，事業，財務，手続きや双方の管理体制や取引や業務に関するいかなる情報の露出や暴露を防ぐ為の最善の努力をしなければならない。

第11条　不可抗力
（1）この売買基本契約書においては，遅延，中断，義務の不履行に関して，もしそれらが戦争（宣言されたかどうかにかかわらず），封鎖，革命，暴動，反乱，社会動乱，ストライキ，閉鎖，または他の労働争議，天災，政府による輸出，輸入あるいは外国為替の規制や管理，火災，洪水，旱魃，嵐，暴風雨，出入港の禁止，労働争議あるいは船積みの問題，あるいは供給者または購買者には制御不能な他のいかなる原因よるものでそれらが当てはまる場合，一方は他方に対して責任を負わないものとする。

第12条　契約終了
（1）この売買基本契約書はこの第12条に従って終了するまでは効力を持ち続けるものとする。

（2）購買者がこの契約書のある条項に違反し，供給者から書面による違反を矯正するよう要請を受けてから7日以内に矯正しない場合は，供給者は供給者がこの売買基本契約書のもとであるいは法律によって与えられている他のいかなる権利も失うことなく，この売買基本契約を購買者に対する書面による通告で即時に終了させることができる。

（3）供給者がこの契約書のある条項に違反し，購買者から書面により違反を矯正するよう要請を受けてから7日以内に矯正しない場合は，購買者は購買者がこの売買基本契約書のもとであるいは法律によって与えられている他のいかなる権利も失うことなく，この売買基本契約を供給者に対する書面による通告で即時に終了させることができる。

（4）もし次の事態が発生した場合は，双方ともこの売買基本契約を書面による他方への通告により即時に終了させることができる。

（a）精算人，暫定精算人，保全管理人，保全管理人及びマネージャー，管財人，自発的管理者または同様の執行官が他方の会社，あるいはそのいかなる業務や資産に対して指名された場合；

　他方が業務を停止するか停止しそうな場合，あるいは期日が来ても債務を返済できない場合；

（b）他方がその債権者の利益のために譲渡あるいはいかなる債権者との間で示談になる場合；

（c）他方がいかなる形であれ会社更生，債権者からの裁判所の保護，破産保護，会社再構築のための保護あるいは会社再建手続き開始の申し立てを申請する場合（受理されるか否かを問わず）。

（5）供給者は購買者の財務状態に重要な悪影響が発生したと考えた場合，供給者は供給者がこの売買基本契約書のもとであるいは法律によって与えられている他のいかなる権利も失うことなく，この売買基本契約を購買者に対する書面による通告で即時に終了させることができる。

（6）購買者は供給者の財務状態に重要な悪影響が発生したと考えた場合，購買者は購買者がこの売買基本契約書のもとであるいは法律によって与えられている他のいかなる権利も失うことなく，この売買基本契約を供給者に対する書面による通告で即時に終了させることができる。

（7）供給者及びあるいは購買者は他方の合意を得た上でこの売買基本契約を書面により180日間の事前通告をもって終了させることができる。

第13条　仲裁
　　両当事者は全てのいかなる紛争も交渉により好意的，友好的態度で双方にとって合意可能な解決へ向け，また健全なビジネス関係を維持することを目的として解決する義務を負う。本契約から発生するか，本契約に関係するかあるいは本契約のもとでの当事者の権利，義務，責任に関連する当事者間のいかなる紛争，争い，案件も他に両当事者間に違った合意がない限り，調停に付されるものとする。そしてもし，それでも合意が得られなかった場合においてのみ，最終的に仲裁で解決される。仲裁は購買者が発議した場合はニューサウスウエールズ州で，供給者が発議した場合は日本の東京で行われ，パリの国際商業会議所の調停及び仲裁のルールに従うこととする。

第14条　通告
（1）本契約において他の規定がない限り，通知，請求あるいは他の連絡は；
(a) 英語の書面によるものとする。
(b) 当事者を代表する正当な権限を有する職員，弁護士または代理人により署名されることがある。
（2）連絡がもし
(a) 郵送された場合は，連絡に投函後7営業日掛かるとみなす。
(b) ファクシミリ通信による場合は，通信完了の時点で送達されたものとみなす。
（3）もし仮に意図された受取人がその連絡を受け取らなかった場合や，郵送で受取人不在のため発信人に戻された場合でも，これらのいかなる送達方法も有効とする。

第15条　その他事項
（1）全体合意

この売買基本契約書は両当事者間の全体の合意を構成するものとする。この売買基本契約書の主題に関する以前の両当事者間の合意あるいは協定はこの売買基本契約書に取って代わられ，無効となる。

（2）ウィーン売買条約不適用

この売買基本契約書のもとでの双方の権利と義務はウィーン売買条約（1980年）によっては支配されないものとする。

（3）売買基本契約書の変更

この売買基本契約書は両当事者の作成する書類によってのみ修正あるいは変更が可能となる。

（4）譲渡

両当事者は他方の書面による同意なしに，この売買基本契約書のもとでの権利あるいは義務を譲渡，更改，移転あるいは取引することはできない。

（5）分離

この売買基本契約書のいかなる条項でも，いかなる法域において違法となるか，無効となるか，施行できない状況になったとしても，その場合，その条項にできる限りの効力を与えるために配慮がなされなければならない。もし条項に何の効果も与えられない場合はその条項はこの売買基本契約書から分離される。いかなる配慮あるいは分離もその法域において残りの条項の有効性及び施行可能性に影響を与えるものではない。また，他のいかなる法域における違法な条項の有効性及び施行可能性に影響を与えるものではない。

（6）権利放棄

この売買基本契約書のもとで両当事者によるいかなる権利の不行使あるいはいかなる権利の行使の遅れも権利の放棄とはみなされないものとする。権利の放棄は書面によってのみ有効となる。ある特定の権利の放棄は同じ条項あるいは他のいかなる義務の遵守から将来他の当事者を決して解放するものではない。

（7）写し

この売買基本契約書はいくつかの写しを作成することができ，それらの全てが1つの同じ書類となる。

（8）この売買基本契約書はオーストラリアのニューサウスウエールズ州の法律によって支配される。

　上記の証として，本契約の両当事者はそれぞれの正当なる権限を有する代表者によって，下記の年月日に本契約に署名した。

_____　　　_____
供給者代理　　　　　　　　　　　　購買者代理

_____　　　_____
氏名　　　　　　　　　　　　　　　氏名

_____　　　_____
タイトル　　　　　　　　　　　　　タイトル

_____　　　_____
日付　　　　　　　　　　　　　　　日付

■著者略歴

岡本祥子（おかもと しょうこ）
明治大学大学院商学博士課程修了。
2002年　神奈川大学経営学部教授　現在に至る
その間，通産省貿易研修所助手，国際協力事業団，東京商工会議所・JETRO─貿易ビジネス支援センター，日本商工会議所・講師，イギリス・ポーツマス大学フェロー等を歴任。
社会活動として，横浜税関広報委員，藤沢市行財政改革協議会委員，日商検定推進アドバイザー（ビジネス英語）等をつとめる。
【主要著書】
『商業英語検定試験』南雲堂（共著）
『ビジネス英語で学ぶ貿易実務』学文社（共著）
『国際ビジネスのコミュニケーション』実教出版（共著）等。

亀山修一（かめやま しゅういち）
2001年　法政大学大学院社会科学研究科卒業（国際経営コースＭＢＡ取得）
商社勤務などを経て現在は外資の大手食品メーカーのジェネラルマネージャーとして勤務。AIBA認定貿易アドバイザー，日商検定推進アドバイザー（ビジネス英語）
また，各種資格を有する。
国連公用語試験特Ａ級，実用英語検定１級，商業英語検定Ａクラス，通訳案内業（現在の通訳案内士）

■ 体系的な新国際ビジネスのコミュニケーション
　　―電子化を背景とした新貿易立国―

■ 発行日――2015年5月26日　初版発行　　　〈検印省略〉

■ 著　者――岡本祥子，亀山修一

■ 発行者――大矢栄一郎

■ 発行所――株式会社　白桃書房

〒101-0021　東京都千代田区外神田5-1-15
☎03-3836-4781　📠03-3836-9370　振替00100-4-20192
http://www.hakutou.co.jp/

■ 印刷・製本――藤原印刷

©Shoko Okamoto, Shuichi Kameyama 2015 Printed in Japan　ISBN 978-4-561-75207-3 C3063

本書のコピー，スキャン，デジタル化等の無断複製は著作権法上での例外を除き禁じられています。本書を代行業者等の第三者に依頼してスキャンやデジタル化することは，たとえ個人や家庭内の利用であっても著作権法上認められておりません。

JCOPY 〈㈳出版者著作権管理機構 委託出版物〉
本書の無断複写は著作権法上の例外を除き禁じられています。複写される場合は，そのつど事前に，㈳出版者著作権管理機構（電話 03-3513-6969, FAX 03-3513-6979, e-mail：info@jcopy.or.jp）の許諾を得てください。

落丁本・乱丁本はおとりかえいたします。

好 評 書

グローバルリーダーシップ・コンピテンシー研究会【編】
パフォーマンスを生み出すグローバルリーダーの条件 本体 1,800 円

ブラック/グレガーゼン/メンデンホール/ストロー【編著】白木・永井・梅澤【監訳】
海外派遣とグローバルビジネス 本体 2,500 円
―異文化マネジメント戦略

F. トロンペナールス/P. ウーリアムス【著】古屋紀人【著・監訳】
異文化間のビジネス戦略 本体 3,600 円
―多様性のビジネスマネジメント

F. トロンペナールス/ C. ハムデン・ターナー【著】古屋紀人【著・監訳】
異文化間のグローバル人材戦略 本体 3,600 円
―多様なグローバル人材の効果的マネジメント

F. トロンペナールス/C. ハムデン・ターナー【著】須貝　栄【訳】
異文化の波 本体 2,500 円
―グローバル社会：多様性の理解

馬越恵美子・桑名義晴【編著】異文化経営学会【著】
異文化経営の世界 本体 3,300 円
―その理論と実践

岩谷昌樹【著】
トピックスから捉える国際ビジネス 本体 2,600 円

高橋浩夫【著】
グローバル企業のトップマネジメント 本体 2,500 円
―本社の戦略的要件とグローバルリーダーの育成

大石芳裕【編】グローバル・マーケティング研究会【著】
日本企業のグローバル・マーケティング 本体 2,800 円

───── 東京　白桃書房　神田 ─────
本広告の価格は本体価格です。別途消費税が加算されます。

好 評 書

見目洋子・在間敬子【編著】
環境コミュニケーションのダイナミズム(改訂版) 本体 2,800 円
―市場インセンディブと市民社会への浸透

見目洋子・神原　理【編著】
現代商品論(第2版) 本体 1,905 円

専修大学マーケティング研究会【編】
商業まちづくり 本体 2,300 円
―商業集積の明日を考える

神原　理【編著】大林　守・川名和美・前川明彦【著】
コミュニティ・ビジネス 本体 2,000 円
―新しい市民社会に向けた多角的分析

C. H. ラブロック/L. ライト【著】小宮路雅博【監訳】高畑　泰・藤井大拙【訳】
サービス・マーケティング原理 本体 3,900 円

小宮路雅博【著】
徹底マスターマーケティング用語 本体 1,905 円

片野浩一【著】
マーケティング論と問題解決授業 本体 1,905 円

大石芳裕【編】グローバル・マーケティング研究会【著】
日本企業のグローバル・マーケティング 本体 2,800 円

嶋口充輝【監修】川又啓子・余田拓郎・黒岩健一郎【編著】
マーケティング科学の方法論 本体 3,200 円

西川英彦・岸谷和広・水越康介・金　雲鎬【著】
ネット・リテラシー 本体 2,700 円
―ソーシャルメディア利用の規定因

東京　**白桃書房**　神田

本広告の価格は本体価格です。別途消費税が加算されます。